DURCH STARTEN

DEUTSCH
GRAMMATIK

ÜBUNGSBUCH

5 bis 13

VerfasserInnen: Helga Ebner

Diesem Buch ist ein Lösungsheft zu den Übungen beigelegt.

Entspricht der Rechtschreibreform 2006

Bibliografische Information der Deutschen Bibliothek:
Die Deutsche Bibliothek verzeichnet diese Publikation in der
Deutschen Nationalbibliografie; detaillierte bibliografische Daten
sind im Internet über http://dnb.ddb.de abrufbar.

VERITAS-VERLAG, Linz
www.veritas.at
Alle Rechte vorbehalten,
insbesondere das Recht der Verbreitung
(*auch durch Film, Fernsehen, Internet,
fotomechanische Wiedergabe, Bild-,
Ton- und Datenträger jeder Art*) oder
der auszugsweise Nachdruck

Lektorat: Klaus Kopinitsch
Grafische Gestaltung: Ingrid Zuckerstätter
Illustrationen: Helmut »Dino« Breneis
Satz: Anton Froschauer
Herstellung: Julia Bamberger
Gedruckt in Österreich auf umweltfreundlich
hergestelltem Papier

7. Auflage 2016   ISBN 978-3-7058-7412-1

VERITAS
Gemeinsam besser lernen

Inhaltsverzeichnis

Durchstarten mit dem Übungsbuch
zur Deutsch-Grammatik! 3

Die Verbformen – die Formen des Zeitworts 4
- Regelmäßige Verben – unregelmäßige
  Verben – Mischformen 4
- Unterschiedliche Stammformen je nach
  Bedeutung 6
- Die Stammformen der Hilfsverben
  (Hilfszeitwörter) 7
- Die Personalformen im Präsens 8
- Der Imperativ – die Befehlsform 10
- Der Infinitiv – die Nennform 11
- Das Partizip – das Mittelwort 14

Zeitstufen und Zeitformen 17
- Die drei Zeitstufen 17
- Die Zeitformen – die Tempora 18

Der Konjunktiv – die Möglichkeitsform 24
- Die Bildung von Konjunktiv I
  und Konjunktiv II 24
- Die Umschreibung des Konjunktivs II
  mit *würde* 27
- Der Gebrauch des Konjunktivs 28
- Die Zeitformen des Konjunktivs 31

Das Passiv 32
- Der Unterschied zwischen
  Aktiv und Passiv 32
- Vom Aktiv ins Passiv und umgekehrt 33
- Vorgangspassiv und Zustandspassiv 35
- Die Zeitformen des Passivs 36
- Die Infinitivformen des Passivs 40

Das Nomen – das Substantiv/Hauptwort 41
- Das grammatische Geschlecht
  des Nomens 41
- Singular und Plural – Einzahl und
  Mehrzahl des Nomens 43
- Die Fälle der Nomen 45

**Pronomen, Artikel und ähnlich gebrauchte
Wörter** 49
- Arten von Pronomen, Artikeln und ähnlich
  gebrauchten Wörtern 49
- Die Fälle der Pronomen 51
- Die Höflichkeitsform 55
- Bestimmter Artikel – unbestimmter Artikel 56

Das Adjektiv – das Eigenschaftswort 57
- Der Gebrauch der Adjektive 57
- Die Flexionsformen der Adjektive 59
- Die Vergleichsformen der Adjektive 61

Das Numerale – das Zahlwort 63
- Arten der Numerale 63
- Die grammatischen Eigenschaften
  der Numerale 64

Das Adverb – das Umstandswort 66

**Die Präpositionen – die Vorwörter/
Verhältniswörter** 68
- Die Stellung der Präpositionen 68
- Präposition und Fall 70
- Der Einsatz der Präpositionen 72

Das Prädikat 74
- Das Prädikat als Kern des Satzes 74
- Die Übereinstimmung von
  Subjekt und Prädikat 75
- Einteilige und mehrteilige Prädikate 76
- Der Verbzusatz als Teil des Prädikats 77

Das Subjekt 78

Die Objekte 80
- Genitivobjekt, Dativobjekt,
  Akkusativobjekt 80
- Das Präpositionalobjekt –
  die Vorwortergänzung 83

Die Gleichsetzungsglieder 85

Die Adverbiale – die Umstandsergänzungen 87
- Die Arten der Adverbiale 87
- Die Formen der Adverbiale 89

Das Attribut – die Beifügung 92
- Stellung und Formen der Attribute 92
- Satzglieder mit mehreren Attributen 95
- Die präpositionale Fügung:
  Satzglied oder Attribut? 96

Der einfache Satz 97

Der zusammengesetzte Satz 99
- Die Satzreihe – die Satzverbindung 99
- Das Satzgefüge 101
- Die Adverbialsätze 105

Satzwertige Gruppen 107

Die indirekte Rede 108
- Die indirekte Rede als Gliedsatz 108
- Die indirekte Rede als Infinitivgruppe 110

Stichwortverzeichnis 112

DURCHSTARTEN mit dem ÜBUNGSBUCH zur Deutsch-Grammatik!

Vermutlich hast du das Bedürfnis, den Grammatikstoff – oder auch Teile davon – zu wiederholen oder weiter zu festigen. Im Durchstarten Deutsch **Grammatik-Übungsbuch** findest du dazu viele Übungen.

Aufbau und Themenschwerpunkte stimmen mit der **Deutsch-Grammatik** in der *Durchstarten-Reihe* überein. Während das Grammatikbuch die einzelnen Grammatikfragen sehr ausführlich erklärt und Zusammenhänge verdeutlicht, dabei aber nur einige wenige Beispiele zum Selberlösen anbietet, gibt es im Übungsbuch zu den verschiedenen Themenbereichen eine Fülle von Übungsmaterial.

In diesem **Grammatik-Übungsbuch** beginnt jedes Kapitel mit einer kurzen Zusammenfassung der wichtigsten Regeln. Dann folgen die Übungen. Mit dem Lösungsheft kannst du überprüfen, ob du schon alles gut beherrschst. Nimm aber das Lösungsheft erst dann zur Hand, wenn du mit der ganzen Nummer fertig bist, denn häufig klärt sich die eine oder andere Frage ohnehin, wenn du einfach weiterübst. Man merkt sich bekanntlich am besten, was man sich selber erarbeitet hat!

Hin und wieder wird es freilich auch nötig sein, in der **Deutsch-Grammatik** nachzuschlagen, um alle Zusammenhänge auch restlos zu verstehen. Wenn du dir dazu die Zeit nimmst, hast du den optimalen Lerneffekt!

In diesem **Grammatik-Übungsbuch** gibt es Übungen zu jenen Themenbereichen, die Schülern und Schülerinnen häufig Probleme bereiten. Zum einen sind es Übungen zum Grammatikwissen (zB Wortarten, Satzarten, Satzglieder, Zeitformen), zum andern geht es auch um die Sprachrichtigkeit, also um das Vermeiden von Grammatikfehlern (zB Verbformen, Fälle, die Verwendung der Präpositionen).

Neben den für dich manchmal schwierigen Fachausdrücken findest du immer auch die deutschen Entsprechungen. Auf diese Weise wirst du beinahe von selbst mit der Terminologie aus der Grammatik vertraut.

Nun also ans Werk! Und viel Erfolg beim Üben!

Die Verbformen – die Formen des Zeitworts

(A) Regelmässige Verben – unregelmässige Verben – Mischformen

- **Die regelmäßigen (schwachen) Verben** verändern den Wortstamm nicht:

Präsens: *ich such*e*, du such*st*, er/sie/es such*t*, wir such*en*, ihr such*t*, sie such*en*

Präteritum: *ich such*te*, du such*test*, er/sie/es such*te*, wir such*ten*, ihr such*tet*, sie such*ten*

Partizip II: *gesuch*t* (das Partizip II hat die Endung **-t**)

- **Die unregelmäßigen (starken) Verben** verändern den Wortstamm:

Präsens: *ich geh*e*, du geh*st*, er/sie/es geh*t*, wir geh*en*, ihr geh*t*, sie geh*en**
*ich lauf*e*, du läuf*st*, er/sie/es läuf*t*, wir lauf*en*, ihr lauf*t*, sie lauf*en**
*ich nehm*e*, du nimm*st*, er/sie/es nimm*t*, wir nehm*en*, ihr nehm*t*, sie nehm*en**

Präteritum: *ich ging, du ging*st*, er/sie/es ging, wir ging*en*, ihr ging*t*, sie ging*en**
*ich lief, du lief*st*, er/sie/es lief, wir lief*en*, ihr lief*t*, sie lief*en**
*ich nahm, du nahm*st*, er/sie/es nahm, wir nahm*en*, ihr nahm*t*, sie nahm*en**

Partizip II: *gegang*en*, gelauf*en*, genomm*en* (das Partizip II hat die Endung **-en**)

- **Die Mischformen** zeigen unterschiedliche Abweichungen von den regelmäßigen Verbformen.

rennen:	*ich renne*	*ich rann-te*	*gerann-t*
denken:	*ich denke*	*ich dach-te*	*gedach-t*
senden:	*ich sende*	*ich sand-te*	*gesand-t*
wissen:	*ich weiß*	*ich wuss-te*	*gewuss-t*
salzen:	*ich salze*	*ich salz-te*	*gesalz-en*
mahlen:	*ich mahle*	*ich mahl-te*	*gemahl-en*

1 Mache in deinem Übungsheft eine Tabelle, in der du die regelmäßigen und die unregelmäßigen Verben aus diesem Text einträgst.

Herr K. sprach über die Unart, erlittenes Unrecht stillschweigend in sich hineinzufressen, und erzählte folgende Geschichte: „Einen vor sich hinweinenden Jungen fragte ein Vorübergehender nach dem Grund seines Kummers. ,Ich hatte zwei Groschen für das Kino beisammen', sagte der Knabe, ,da kam ein Junge und riss mir einen aus der Hand', und er zeigte auf einen Jungen, der in einiger Entfernung zu sehen war. ,Hast du denn nicht um Hilfe geschrien?', fragte der Mann. ,Doch', sagte der Junge und schluchzte ein wenig stärker. ,Hat dich niemand gehört?', fragte ihn der Mann weiter, ihn liebevoll streichelnd. ,Nein', schluchzte der Junge. ,Kannst du denn nicht lauter schreien?', fragte der Mann. ,Nein', sagte der Junge und blickte ihn mit Hoffnung an. Denn der Mann lächelte. ,Dann gib auch den her', sagte er, nahm ihm den letzten Groschen aus der Hand und ging unbekümmert weiter."

Bertolt Brecht: Gesammelte Werke. Bd. 12 (Prosa), Frankfurt am Main (Suhrkamp), 1967

2 Trage die fehlenden Stammformen der unregelmäßigen Verben ein.

Infinitiv	Präteritum	Partizip II
1. laufen	(ich) lief	gelaufen
2. stehen	(ich) stand	gestanden
3.	(ich)	geflogen
4.	(ich) vergaß	....
5. erklimmen	(ich)	....
6.	(ich)	gezogen
7.	(ich)	gebrochen
8. sitzen	(ich)	....
9.	(ich) hieß	....
10. schlagen	(ich)	....
11.	(ich) glitt	....
12.	(ich)	gezwungen
13. schneiden	(ich)	....
14.	(ich) fror	....
15.	(ich)	gerochen
16. schweigen	(ich)	....
17.	(ich) log	....
18.	(ich) riet	....
19. beginnen	(ich)	....

3 Trage die fehlenden Stammformen der Mischformen ein.

Infinitiv	Präteritum	Partizip II
1.	nannte	....
2. denken	....	....
3.	....	gewusst
4.	salzte	....
5. bringen	....	....
6.	....	gerannt
7. senden	....	....
8.	mahlte	....
9.	....	gespalten

(B) UNTERSCHIEDLICHE STAMMFORMEN JE NACH BEDEUTUNG

*Kein Blatt **bewegte** sich. – Kein Blatt hat sich **bewegt**.*
*Was **bewog** dich zu diesem Entschluss? – Was hat dich zu diesem Entschluss **bewogen**?*

Bei einer Reihe von Verben haben die regelmäßigen Stammformen eine andere Bedeutung als die unregelmäßigen!

4 Setze die passende Form des Präteritums ein.

1. Das Paket (*wiegen*) .... mehr als 2 kg.

2. Ich (*schaffen*) .... es nicht, früher zu kommen.

3. Alles (*hängen*) .... von ihrer Einwilligung ab.

4. Wir (*erschrecken*) .... sehr.

5. Er (*hängen*) .... seine Jacke über die Stuhllehne.

6. Der Bus (*scheren*) .... aus.

7. Die Mutter (*wiegen*) .... das Kind, bis es einschlief.

8. Das Kind (*schleifen*) .... seinen Teddy hinter sich her.

9. Mit einem Mal (*wenden*) .... sich das Blatt.

10. Der Rundfunk (*senden*) .... die Nachrichten.

11. Ein lauter Knall (*erschrecken*) .... uns.

12. Im März (*schmelzen*) .... endlich das dicke Eis.

5 Setze die jeweils passende Form des Partizips II ein.

1. Der Bauer hat seine Schafe schon (*scheren*) ....

2. Hast du uns aber (*erschrecken*) .... !

3. Die Mutter hat das Kind in den Schlaf (*wiegen*) ....

4. Er hat sich ein Vermögen (*schaffen*) ....

5. Die Messer müssen (*schleifen*) .... werden.

6. Der Schnee ist in der Sonne (*schmelzen*) ....

7. Wir waren alle sehr (*erschrecken*) .... , als plötzlich ein Knall zu hören war.

8. Endlich hat sie den Weltrekord im Weitsprung (*schaffen*) ....

9. Die Worte der Zeitzeugin haben mich sehr (*bewegen*) ....

10. Die Schlüssel sind/haben immer an ihrem Platz (*hängen*) ....

11. Das Paket hat 5 kg (*wiegen*) ....

(C) DIE STAMMFORMEN DER HILFSVERBEN (HILFSZEITWÖRTER)

Du erinnerst dich: *„**haben**, **sein** und **werden** sind die drei Hilfszeitwörter auf Erden."*

Ihre **Stammformen** sind:

haben *(ich habe)*	**hatte** *(ich hatte)*	**gehabt**
sein *(ich bin)*	**war** *(ich war)*	**gewesen**
werden *(ich werde)*	**wurde** *(ich wurde)*	**geworden**

6 **Wandle in deinem Übungsheft die Hilfsverben sowohl im Präsens als auch im Präteritum ab.**

ich habe	ich hatte	ich bin	ich war	ich werde	ich wurde
du ...	du ...	du ...	du	du ...	du
er ...	er ...	er ...	er	er ...	er
usw.	usw.	usw.	usw.	usw.	usw.

7 **Setze das passende Hilfsverb aus folgender Liste ein.**

hatte, wirst, geworden, werden, bin, gehabt, sind, gewesen, waren

1. Was möchtest du einmal ....?

2. Heute Nacht .... ich einen sonderbaren Traum.

3. Ich .... dir nicht böse.

4. Wo bist du so lange .... ?

5. Aus unserem Urlaub in Italien ist nichts ....

6. Letzten Sommer .... wir an der See.

7. Wir .... drei Wochen geblieben.

8. .... du mich einmal besuchen?

9. Du hast noch einmal Glück ....

8 **Unterstreiche die Hilfsverben und schreibe in die Klammern ihre Infinitivformen.**

Beispiel: Ihr **seid** herzlich willkommen! (**sein**)

1. Du hast mein volles Vertrauen. (...................................)

2. Wer ist unser Klassensprecher / unsere Klassensprecherin? (...................................)

3. Von wem wurde der Blitzableiter erfunden? (...................................)

4. Ich hatte keine Ahnung gehabt. (...................................)

5. Was wird uns das neue Jahr bringen? (...................................)

6. Wann bist du heute zu Hause? (...................................)

7. Niemand war es gewesen. (...........................)

8. Sie ist eine bedeutende Künstlerin geworden. (.......................................)

(D) DIE PERSONALFORMEN IM PRÄSENS

Zur Erinnerung:

- Ein Verb kann im **Singular** (Einzahl) und im **Plural** (Mehrzahl) verwendet werden.
- Es kann verschiedene **Personalformen** anzeigen.
- Die verschiedenen **Personalformen** sind durch **Endungen** gekennzeichnet:

	Singular	**Plural**
1. Person	*ich* spiel-**e**, schlaf-**e**, ess-**e**	*wir* spiel-**en**, ess-**en**, lauf-**en**
2. Person	*du* spiel-**st**, schläf-**st**, iss-**t**	*ihr* spiel-**t**, ess-**t**, lauf-**t**
3. Person	*er, sie, es; das Kind; jede(r)* spiel-**t**, schläf-**t**, iss-**t**	*sie, die Kinder, alle* spiel-**en**, schlaf-**en**, ess-**en**

Bei einigen **unregelmäßigen Verben** verändert sich in der **2. und 3. Person Singular Präsens** der Selbstlaut:
ich le*se,* du li*est, er* li*est; ich* fa*hre, du* fä*hrst, er* fä*hrt; ich* la*ufe, du* lä*ufst, er* lä*uft; ich* sto*ße, du* stö*ßt, er* stö*ßt.*

Nicht vergessen! Die 2. Person hat im Singular und im Plural eine **Höflichkeitsform!**
Frau Müller, was wünsch-**en Sie**?
Meine Damen und Herren, **Sie** find-**en** *bei uns die besten Angebote.*

9 **Trage folgende Wörter je nach Person in die Tabelle ein. Verwende für die Mehrzahlformen einen Farbstift.**

ich warte, sie kommen, er erwacht, du weißt, wir verstehen, sie schläft, ihr arbeitet, es regnet, ich bleibe, du übertreibst, der Hund bellt, wir schreien, die Schneeflocken tanzen, ihr lacht

1. Person	**2. Person**	**3. Person**

10 **Setze die passenden Personalformen ein.**

1. Wer (*wissen*) .... weiß .... Bescheid?

2. Warum (*kommen*) .... kommst .... du nicht?

3. Wohin (*fahren*) .... fahrt .... ihr nächsten Sommer?

4. Du (*halten*) .... hältst .... mich wohl für ein Genie?

5. Die Schulsachen (*liegen*) .... liegen .... auf dem Tisch.

6. Lisa (*stellen*) .... stellt .... ihre Bücher in das Regal.

7. Du (*erschrecken*) .... mich nicht!

8. Paul (*lesen*) .... eine spannende Abenteuergeschichte.

9. Ihr (*essen*) .... zu wenig Obst und Gemüse!

10. Ich (*pendeln*) .... täglich zwischen deiner und meiner Wohnung.

11. Das Baby (*erschrecken*) .... bei jedem Lärm.

12. Du (*tragen*) .... gerne flotte T-Shirts.

13. Was (*tragen*) .... ihr in euren Rucksäcken?

14. Das Schwimmbad (*schließen*) .... um 22.00 Uhr.

15. Was (*halten*) .... ihr von einem Museumsbesuch?

16. Ich (*kichern*) ...., wenn ich deine Witze höre.

17. Lina (*laufen*) .... schnell über die Wiese.

18. Ihr (*stoßen*) .... euch mit den Füßen ab, dann gelingt der Start optimal.

19. Die Schokolade (*schmelzen*) .... in der Sonne.

20. Wohin (*fahren*) .... ihr nächsten Sommer?

21. Ich (*wissen*) ...., was du meinst.

22. Ihr (*tragen*) .... euch in die Liste ein.

23. Warum (*fragen*) .... du mich?

24. Du (*laufen*) .... aber schnell!

25. Welchen Krimi (*empfehlen*) .... du mir?

26. Lisa (*helfen*) .... ihrer Schwester bei der Hausübung.

27. Wenn ihr das Haus (*betreten*) ...., seid ihr sicher überrascht.

11 Übertrage folgende Sätze in die Höflichkeitsform.

Beispiel: **Kennst du** Frau Hofer? ► **Kennen Sie Frau Hofer?**

1. Die genaue Adresse findest du im Internet. ► ....

2. Telefonisch erreicht ihr uns um die Mittagszeit. ► ....

3. Weißt du, was ich meine? ► ....

4. Ihr habt für die Fahrt noch nicht bezahlt. ► ....

5. Du bekommst noch 10 Euro von mir. ► ....

6. Wann willst du mit der Arbeit beginnen? ► ....

7. Wie stellt ihr euch das vor? ► ....

8. Wollt ihr eine Pause machen? ► ....

9. Wir halten dich auf dem Laufenden. ► ....

(E) DER IMPERATIV – DIE BEFEHLSFORM

Singular: *Beeil(e) dich bitte! – Vergiss deine Tasche nicht!*
Plural: *Passt auf! – Hört gut zu!*
Höflichkeitsform: *Treten Sie näher! – Warten Sie einen Augenblick!*

12 Übertrage folgende Aufforderungen und Verbote in den Singular.

Beispiel: **Merkt** euch das gut. ▸ **Merk** dir das gut!

1. Vergesst nicht zu schreiben! ▸ ....

2. Meidet alkoholische Getränke! ▸ ....

3. Esst nicht so hastig! ▸ ....

4. Lest das erste Kapitel! ▸ ....

5. Blättert ein wenig im neuen Biologiebuch! ▸ ....

6. Seid nicht so schlampig! ▸ ....

7. Nehmt eure Zeichnungen mit! ▸ ....

8. Schüttelt nicht den Kopf! ▸ ....

9. Klebt die Mitteilung ins Heft! ▸ ....

10. Schreibt euch das hinter die Ohren! ▸ ....

11. Werdet nicht nachlässig! ▸ ....

12. Hört mit gut zu! ▸ ....

13. Habt ein bisschen mehr Geduld! ▸ ....

14. Sprecht mit euren Eltern! ▸ ....

13 Übertrage folgende Aufforderungen und Verbote in die Höflichkeitsform.

Beispiel: **Mach** dir keine Sorgen! ▸ **Machen Sie** sich keine Sorgen!
Holt euch eure Gutscheine! ▸ **Holen Sie** sich **Ihre** Gutscheine!

1. Antworte auf meine Frage! ▸ ....

2. Unterschreibe bitte hier! ▸ ....

3. Gib deinen Mantel in der Garderobe ab! ▸ ....

4. Lest auch das Kleingedruckte! ▸ ....

5. Vergesst eure Reisepässe nicht! ▸ ....

6. Kommt nicht zu spät! ▸ ....

7. Seid willkommen! ▸ ....

8. Öffne keine unbekannten Mails! ▸ ....

9. Sichere regelmäßig deine Daten! ▸ ....

(F) DER INFINITIV – DIE NENNFORM

1 **Im Wörterbuch** findest du ein Verb immer in der **Infinitiv-Form:**

(er, sie, es) flog findest du im Wörterbuch unter dem Stichwort *fliegen*;

brachte findest du unter dem Stichwort *bringen*.

2 Der Infinitiv hat **die gleiche Endung wie die 1. und 3. Person Plural Präsens:**

*lauf**en** = (wir, sie) lauf**en***   *polter**n** = (wir, sie) polter**n***   *lächel**n** = (wir, sie) lächel**n***

3 Du kannst den Infinitiv auch **wie ein Nomen** verwenden:

beim Spielen, vom Laufen, zum Malen, das Rechnen, ein Pochen, lautes Klopfen ...

4 Manchmal braucht der Infinitiv das Wort ***zu***. Bei **trennbaren Verbzusammensetzungen** steht es zwischen **Grundwort und Bestimmungswort:**

Ich **stehe** immer früh **auf**. ▶ Ich pflege immer früh auf**zu**stehen.

Ich **wiederhole** die Vokabeln. ▶ Ich habe die Vokabeln **zu** wiederholen.

5 **Die Vergangenheitsform des Infinitivs** wird mit dem **Partizip II +** *haben* oder dem **Partizip II +** *sein* gebildet:

*Ich glaube alles **gesagt zu haben**. – Er wird noch **geblieben sein**.*

14 **Schreibe neben die angegebene Verbform den Infinitiv, also die Form, die du im Wörterbuch findest.**

1. er wäscht ▶ ....

2. sie fuhren ▶ ....

3. gesprungen ▶ ....

4. sie hält ▶ ....

5. ich verschob ▶ ....

6. wir fielen ▶ ....

7. er tat ▶ ....

8. sie stößt ▶ ....

9. gegangen ▶ ....

10. gewesen ▶ ....

11. wir sangen ▶ ....

12. du wusstest ▶ ....

13. er aß ▶ ....

14. gebracht ▶ ....

15 **Entscheide, ob es sich in folgenden Sätzen bei den unterstrichenen Verbformen um Infinitive oder die 1./3. Person Plural Präsens handelt. Streiche die falsche Antwort durch!**

Beispiel: Wir <u>spielen</u> heute Fußball.	~~*Infinitiv*~~	*1. Pers. Pl.*	~~*3. Pers. Pl.*~~
1. Du wirst es nicht <u>bereuen</u>!	*Infinitiv*	*1. Pers. Pl.*	*3. Pers. Pl.*
2. Er glaubt alles versucht zu <u>haben</u>.	*Infinitiv*	*1. Pers. Pl.*	*3. Pers. Pl.*
3. Wir <u>machen</u> alle mit.	*Infinitiv*	*1. Pers. Pl.*	*3. Pers. Pl.*
4. Sie <u>bringen</u> ihre Freunde mit.	*Infinitiv*	*1. Pers. Pl.*	*3. Pers. Pl.*
5. Ich kann dir nichts <u>versprechen</u>.	*Infinitiv*	*1. Pers. Pl.*	*3. Pers. Pl.*

6. Wir <u>kommen</u> bestimmt zu euch!	*Infinitiv*	*1. Pers. Pl.*	*3. Pers. Pl.*
7. Du darfst mich nicht im Stich <u>lassen</u>!	*Infinitiv*	*1. Pers. Pl.*	*3. Pers. Pl.*
8. Lina möchte dir etwas <u>sagen</u>.	*Infinitiv*	*1. Pers. Pl.*	*3. Pers. Pl.*
9. Ihr werdet eine Verständigung <u>bekommen</u>.	*Infinitiv*	*1. Pers. Pl.*	*3. Pers. Pl.*

16 **Forme folgende Sätze so um, dass das unterstrichene Verb zu einem hauptwörtlich gebrauchten Infinitiv wird.**

> *Beispiele:* Wir lernten, wie man Dokumente <u>speichert</u>. ► ... **das Speichern** von Dokumenten.
> Es ist mühsam, große Teppiche <u>zu reinigen</u>. ► **Das Reinigen** großer Teppiche ...

1. Es war sehr kompliziert, die geheime Botschaft <u>zu entschlüsseln</u>.

   ....

2. Es war für die Einbrecher ganz einfach, die Balkontür <u>zu öffnen</u>.

   ....

3. Wir hörten, wie die Enten <u>schnatterten</u>.

   ....

4. Ich spürte, wie der Boden <u>bebte</u>.

   ....

5. Wir bemerkten nicht, dass der Wind <u>nachließ</u>.

   ....

6. Es ist hier nicht erlaubt, Autos <u>abzustellen</u>.

   ....

7. Es ist nicht einfach, diese Aufgabe zu <u>lösen</u>.

   ....

8. Es ist teuer, wenn du so lange <u>telefonierst</u>.

   ....

17 **Setze *zum* oder *zu* mit dem richtig geschriebenen Infinitiv ein. Das heißt: Achte dabei auf die Groß- oder Kleinschreibung!**

1. Da gibt es nichts .... (*lachen*)

2. Nach einer Weile begann das Kind wieder .... (*schreien*)

3. Vater braucht .... (*kochen*) immer viel Zeit.

4. Dazu gibt es nicht viel .... (*sagen*)

5. Sie hörte nicht auf, laut .... (*schluchzen*)

6. Wir brauchen .... (werken) einen guten Kleber.

7. Es ist .... (verzweifeln)

8. Vor dem Haus war nichts Verdächtiges .... (sehen)

9. Ich habe dazu nichts .... (sagen)

10. Mir war .... (weinen) zumute.

---

18 **Setze die Infinitive mit *zu* ein. Achte besonders auf die trennbaren Verbzusammensetzungen.**

Beispiel: *ausgehen*: Wann hast du vor, mit mir aus**zu**gehen?
überlassen: Es ist mein fester Entschluss, dir die Festgestaltung **zu** überlassen.

1. *teilnehmen*: Der Vorschlag unserer Deutschlehrerin, an dem Redewettbewerb ....

fand allgemeine Zustimmung.

2. *unterstützen*: Die Eltern versprachen, uns bei unserem Vorhaben ....

3. *widersprechen*: Es ist nicht einfach, dir ....

4. *wiederholen*: Ich bitte dich, diesen Satz ....

5. *anrufen*: Wir versprachen unseren Eltern, sie sofort nach unserer Ankunft ....

6. *einpacken*: Es ist Zeit, die Schulsachen ....

7. *aushalten*: Der Baustellenlärm ist schwer ....

8. *überleben*: Die Menschen hatten wenig Chance, die Sturmflut ....

9. *festhalten*: Sie machte ein Foto, um den Augenblick ....

10. *zurückfahren*: Wir hatten die Absicht, bald wieder ....

---

19 **Setze die Vergangenheitsformen des Infinitivs mit oder ohne *zu* ein.**

Beispiel: sagen: Ich denke alles <u>gesagt zu haben</u>.
bleiben: Sie wird wohl länger bei ihren Freundinnen <u>geblieben sein</u>.

1. *fallen*: Den Hund wegzugeben wird ihr nicht leicht ....

2. *sein*: Das wird nicht immer einfach ....

3. *beachten*: Sie gibt an, alle Vorschriften ....

4. *schließen*: Ich war mir sicher, die Tür ....

5. *vergessen*: In einem Jahr werden wir vieles ....

6. *werden*: Peter scheint ein Computer-Freak ....

7. *durchlesen*: Sie begann mit der Rechenaufgabe, ohne die Angabe vorher ....

8. *sehen*: Ich bilde mir ein, diesen Film schon einmal ....

(G) DAS PARTIZIP – DAS MITTELWORT

1 Das Partizip I hat die Endung **-(e)nd**: *schrei-end, lach-end, jubel-nd, polter-nd …*

2 Das Partizip II hat die Endung

- **-(e)t bei den regelmäßigen Verben**: *gemach-t, gesag-t, geantwort-et*
- **-en bei den unregelmäßigen Verben**: *geschrieb-en, geles-en, gesung-en*

3 Du kannst das Partizip **wie ein Adjektiv** verwenden und hauptwörtlich gebrauchen:

*eine **blühende** Phantasie haben; man kann **genervt** reagieren, jemanden auf dem **Laufenden** halten, das **Geschriebene** lesen …*

20 Entscheide, ob es sich bei dem unterstrichenen Wort um ein Partizip I oder um ein Partizip II handelt. Streiche die falsche Lösung durch!

Beispiel: Er fuhr mit einem <u>gemieteten</u> Auto.	~~Partizip I~~	Partizip II
1. Dieser Vortrag war <u>ermüdend</u>.	Partizip I	~~Partizip II~~
2. Pia hat sich schon lange ein neues Fahrrad <u>gewünscht</u>.	Partizip I	~~Partizip II~~
3. Für <u>Studierende</u> gibt es günstige Tarife.	Partizip I	~~Partizip II~~
4. Das neue Fahrrad wird von allen Freundinnen <u>bewundert</u>.	Partizip I	Partizip II
5. Deine Enttäuschung wird wohl einen Grund <u>gehabt</u> haben.	Partizip I	Partizip II
6. Das Konzert hinterlässt bei allen einen <u>bleibenden</u> Eindruck.	Partizip I	Partizip II
7. Von allen <u>gefeiert</u>, lässt sich die Künstlerin zu einer Zugabe bewegen.	Partizip I	Partizip II
8. Das <u>Unterstrichene</u> ist für dich besonders wichtig.	Partizip I	Partizip II
9. Auf der Treppe <u>sitzend</u> warteten die Schüler auf ihren Lehrer.	Partizip I	Partizip II
10. Der Verkäufer antwortete mit einem <u>gewinnenden</u> Lächeln.	Partizip I	Partizip II
11. Das mit viel Mühe <u>Erreichte</u> schätzt man am meisten.	Partizip I	Partizip II
12. Nicht jeden Sportler kann man als <u>leuchtendes</u> Vorbild bezeichnen.	Partizip I	Partizip II
13. Der <u>springende</u> Punkt ist, dass es zu wenige sind.	Partizip I	Partizip II
14. Man soll dem <u>Gedruckten</u> nicht blind vertrauen.	Partizip I	Partizip II

21 In folgenden Sätzen werden die Partizipien wie Adjektive verwendet. Setze das passende Partizip des jeweils angegebenen Verbs ein.

Beispiel: fliegen: Hast du schon einmal von <u>fliegenden</u> Untertassen gehört?

1. *linieren*: Am besten verwendest du .... Papier.

2. *verletzen*: Manche Äußerungen können sehr .... sein.

3. *leuchten*: Martin Luther King ist ein .... Beispiel für Zivilcourage.

4. *berühren*: Der Abschied von seinen Freunden war ein .... Augenblick.

5. *bleiben*: Die Sonnenfinsternis machte auf uns einen .... Eindruck.

6. *zünden*: Der Vorsitzende hielt eine .... Rede.

7. *glänzen*: Das ist eine .... Idee.

8. *machen*: Nach diesem guten Geschäft war Onkel Max ein .... Mann.

9. *begeistern*: Wir alle stimmten dem Vorschlag .... zu.

10. *leben*: Florence Nightingale ist Vorbild für .... Nächstenliebe.

11. *überzeugen*: Deine Argumente sind durchaus ....

12. *schlagen*: Wir warteten eine .... Stunde auf euch.

13. *quälen*: Was machst du für ein .... Gesicht?

14. *schlagen*: Das Alibi war der .... Beweis für seine Unschuld.

22 **In folgenden Sätzen werden die Partizipien hauptwörtlich gebraucht. Setze das passende Partizip des jeweils angegebenen Verbs ein.**

Beispiel: *folgen*: Es gibt noch <u>Folgendes</u> zu sagen.

1. *laufen*: Halte mich bitte auf dem ....

2. *versprechen*: Man muss .... halten.

3. *berühren*: Wir hörten .... über das Leben unserer Großeltern.

4. *verletzen*: Die .... wurden in die Spitäler gebracht.

5. *reimen*: Der Kabarettist gab allerlei .... zum Besten.

6. *grillen*: Ich ziehe .... dem Gebratenen vor.

7. *frieren*: Das Speiseeis wird von älteren Menschen .... genannt.

8. *beeindrucken*: Wir haben von dieser Künstlerin viel .... gehört.

9. *fangen*: Die .... konnten endlich befreit werden.

10. *versterben*: Wir beteten für den ....

11. *delegieren*: Die .... formulierten einen gemeinsamen Vorschlag.

12. *überleben* Die .... wurden in Sicherheit gebracht.

23 **Nicht jedes Partizip II hat die Vorsilbe *ge-*. Zeig das in folgenden Beispielsätzen. Setze die Partizipien der angegebenen Verben ein.**

Beispiel: *ruinieren*: Der kleine Bruder hat mein Handy <u>ruiniert</u>.

1. *antworten*: Was hast du auf ihre Frage ..... *geantwortet* .... ?

2. *operieren*: Gestern wurde meine Schwester ..... *operiert* ....

3. *beachten*: Der Fahrzeuglenker hat den Vorrang nicht ..... *beobachtet* ....

4. *gewinnen:*   Paula hat den ersten Preis ....

5. *probieren:*   Hast du schon einmal ein Apfeleis .... ?

6. *prophezeien:*   Das Horoskop hat mir einen guten Schulabschluss ....

7. *verzeihen:*   Ich habe dir schon längst ....

8. *studieren:*   Wir haben die Gebrauchsanweisung genau ....

9. *applaudieren:*   Die Zuschauerinnen haben begeistert ....

10. *erzählen:*   Auf dem Zeltlager haben wir uns Gruselgeschichten ....

11. *zerstören:*   Das Erdbeben hat ganze Häuser ....

12. *rumoren:*   Ich muss etwas essen. Mein Magen hat schon ....

13. *enttäuschen:*   Ich möchte von dir nicht .... werden.

14. *täuschen:*   Da habe ich mich aber .... !

15. *missfallen:*   Dieses überhebliche Getue hat uns sehr ....

16. *telefonieren:*   Ich habe schon lange nicht mehr mit meiner Großmutter ....

17. *wählen:*   Von den meisten Schülerinnen wurde das erste Thema ....

24 **Betätige dich als Sprachforscher/-in und finde heraus, wie die Vorsilbe *ge-* bei den Partizipien II der trennbaren und nicht trennbaren Verbzusammensetzungen verwendet wird.**

Beispiel: *einladen:* Er lud mich ein. – Er hat mich ein**ge**laden.
           unterhalten: Wir unterhalten uns gut. – Wir haben uns gut unterhalten.

1. *davonlaufen:*   Die Katze lief uns davon. – Sie ist uns ....

2. *teilnehmen:*   Wer nimmt noch aller teil? – Alle haben ....

3. *widersprechen:*   Du widersprichst mir ständig. – Ich habe dir noch nie ....

4. *unterhalten:*   Ich unterhalte mich gerne mit dir. – Hast du dich gut .... ?

5. *aufhalten:*   Wo hältst du dich am liebsten auf? – Wir haben uns im Haus ....

6. *mitschreiben:*   Alle schreiben fleißig mit. – Es wird fleißig ....

7. *losfahren:*   Wir fahren sofort los. – Sind die anderen schon .... ?

8. *überprüfen:*   Eine Ärztin überprüft die Blutwerte. – Die Blutwerte werden ....

9. *umsorgen:*   Die Mutter umsorgt das kranke Kind. – Das Kind wird von allen ..... .

10. *wiederholen:*   Wir wiederholen die Vokabeln. – Die Vokabeln werden ....

11. *bloßstellen:*   Ich stelle dich nicht gerne bloß. – Du hast uns alle ....

12. *vollenden:*   Die Künstlerin vollendete ihr Werk. – Das Kunstwerk ist nun ....

13. *ankommen:*   Der Zug kommt mit Verspätung an. – Wir sind glücklich ....

14. *ausgeben:*   Wir gaben im Urlaub viel Geld aus. – Das Geld wurde schnell ....

Zeitstufen und Zeitformen

(A) DIE DREI ZEITSTUFEN

In einem Text können **drei Zeitstufen** vorkommen. Sie beziehen sich auf

Vergangenes	Gegenwärtiges	Zukünftiges
ist schon geschehen	geschieht im Augenblick des Schreibens/Sprechens	wird später geschehen

25 **Bestimme in diesem Brief die Zeitstufen. Schreibe in die Spalte daneben, ob sich die einzelnen Sätze und Teilsätze auf *Vergangenes*, *Gegenwärtiges* oder *Zukünftiges* beziehen.**

Lieber Paul!

(1.) Heute muss ich Dir unbedingt schreiben. (2.) Ich habe nämlich erfahren, (3.) dass wir im nächsten Sommer in eine neue Wohnung übersiedeln werden. (4.) Meine Eltern haben schon längere Zeit eine größere Wohnung gesucht. (5.) Nun hat es endlich geklappt. (6.) Ich werde ein eigenes Zimmer haben. (7.) Darüber bin ich sehr froh, (8.) denn mein kleiner Bruder hat in letzter Zeit schon sehr genervt. (9.) Er bekommt auch sein eigenes Zimmer, wo er dann nach Herzenslust mit seinen Spielzeugautos spielen und lärmen kann. (10.) Morgen nach der Schule fährt meine Mutter mit uns zur neuen Wohnung. (11.) Ich bin schon sehr aufgeregt, (12.) denn mit dem Wohnungswechsel wird sich in meinem Leben einiges ändern. (13.) Ich werde dann immer mit dem Bus zur Schule fahren müssen. (14.) Bisher konnte ich zu Fuß gehen. (15.) Du bist der Erste, der von dieser Neuigkeit erfährt. (16.) Was gibt es bei Dir Neues? (17.) Wie viele Welpen hat Euer Hund bekommen?

Herzliche Grüße

Dein Jakob

(1.) Gegenwärtiges

(2.) ....

(3.) ....

(4.) ....

(5.) ....

(6.) ....

(7.) ....

(8.) ....

(9.) ....

(10.) ....

(11.) ....

(12.) ....

(13.) ....

(14.) ....

(15.) ....

(16.) ....

(17.) Gegenwart ....

(B) DIE ZEITFORMEN – DIE TEMPORA

1 Für die drei Zeitstufen stehen folgende Zeitformen (Tempora) zur Verfügung:

für Gegenwärtiges, Allgemeingültiges oder häufig Wiederkehrendes	das Präsens	*Ein Sturm kommt auf.*
		Die Sonne geht im Osten auf.
		Nach Regen kommt Sonnenschein.
für Vergangenes	das historische Präsens	*1945 endet der Zweite Weltkrieg.*
	das Erzählpräsens	*Und wie ich den Ball fange, spüre ich plötzlich einen Stich.*
	das Präteritum	*Gestern lief bei mir alles schief.*
	das Perfekt	*Ich habe den Code vergessen.*
		Ich bin zu spät gekommen.
	das Plusquamperfekt	*Er schaffte den Test, denn er hatte sich gut vorbereitet.*
		Alle waren nach Hause gegangen, der Platz war leer.
für Zukünftiges	das Präsens	*Morgen komme ich wieder.*
	das Futur I	*Ich werde dir helfen.*
	das Futur II	*Wir werden bald alles erledigt haben.*
		Niemand wird länger geblieben sein.

2 Die Bildung der Zeitformen (Tempora):

Präsens *Vater kommt nach Hause.*	einteiliges Prädikat (▶ Seite 76)
Präteritum *Vater kam gestern später.*	einteiliges Prädikat (▶ Seite 76)
Perfekt *Vater ist nach Hause gekommen.*	zweiteiliges Prädikat (▶ Seite 76) **Präsensformen** von *sein* + Partizip II
Er hat unterwegs eingekauft.	**Präsensformen** von *haben* + Partizip II
Plusquamperfekt *Er war auch zum Bahnhof gefahren.*	zweiteiliges Prädikat: **Präteritumformen** von *sein* + Partizip II
Wir hatten ihn noch nicht erwartet.	**Präteritumformen** von *haben* + Partizip II
Futur I *Mutter wird etwas später kommen.*	zweiteiliges Prädikat: **Präsensformen** von *werden* + Infinitiv
Futur II *Sie wird länger im Büro geblieben sein.*	dreiteiliges Prädikat: **Präsensformen** von *werden* + Infinitiv Perfekt (▶ Seite 11)
Jemand wird sie aufgehalten haben.	

26 **Präsens oder Perfekt? Welches Tempus wird verwendet? Streiche die falsche Lösung durch.**

Beispiel: Lina **hat** ihre Arbeit schon **abgegeben**.	~~*Präsens*~~	*Perfekt*
1. Alle sind auf ihren Plätzen gesessen.	*Präsens*	*Perfekt*
2. Die Lehrerin hat uns gute Tipps gegeben.	*Präsens*	*Perfekt*
3. Ich habe ein gutes Gefühl.	*Präsens*	*Perfekt*
4. Die Themen sind sehr schön.	*Präsens*	*Perfekt*
5. Ich habe mir sofort einen Zeitplan zurechtgelegt.	*Präsens*	*Perfekt*
6. Ich bin gar nicht mehr nervös.	*Präsens*	*Perfekt*
7. Hast du auch das zweite Thema genommen?	*Präsens*	*Perfekt*
8. Wir haben uns dieses Thema gewünscht.	*Präsens*	*Perfekt*
9. Ich habe noch eine Viertelstunde Zeit.	*Präsens*	*Perfekt*
10. Die Parallelklasse hat schon Pause.	*Präsens*	*Perfekt*
11. Karin hat keine Zeit mehr zum Durchlesen.	*Präsens*	*Perfekt*
12. Sie hat viel zu viel geschrieben.	*Präsens*	*Perfekt*

27 **Übertrage folgende Sätze vom Präsens ins Präteritum.**

1. Ich fahre (...) mit meinem Fahrrad zur Schule.

2. Unterwegs treffe (..) ich Paul und Leo.

3. Wir machen (...) einen kurzen Abstecher zum Stadion.

4. Dort warten (...) wir auf Nick.

5. Nick kommt (...) zehn Minuten später.

6. Der Mathematikunterricht beginnt (..) bereits.

7. Wir werden (...) schon etwas nervös.

8. Nick gibt (..) uns das Programm für die Handballmeisterschaft.

9. Wir halten (..) uns nicht lange auf und düsen (....................................) zur Schule.

28 **Bilde zu den angegebenen Sätzen Fragen im Perfekt.**

Beispiel: Mutter machte eine Torte. ► „Für wen **hast** du die Torte **gemacht?**", fragte ich.

1. Schneewittchen trank aus dem Becher.

► „Wer .... ?", fragte der erste Zwerg.

2. Schneewittchen aß aus einem kleinen Tellerchen.

► „Wer .... ?", fragte der zweite Zwerg.

3. Die böse Königin vergiftete Schneewittchen.

▶ „Warum ....?", fragten die Leute.

4. Die Hexe sperrte Hänsel in einen Käfig.

▶ „Warum ....?", fragte Gretel.

5. Der schöne junge Prinz weckte Dornröschen.

▶ „Wie ....?", will der König wissen.

6. Aschenbrödel bekam schöne Schuhe.

▶ „Von wem ....?", fragten die Stiefschwestern.

7. Rotkäppchen packte Kuchen und Wein in ihren Korb.

▶ „Hast du ....?", fragte die Mutter.

8. Der gestiefelte Kater vernichtete den bösen Zauberer.

▶ „Wie ....?", fragten alle.

9. Hans im Glück verlor alles.

▶ „Warum ....?", fragten die Leute.

10. Der arme Müllerbursch befreite die Prinzessin.

▶ „Wie ....?", fragte der König.

29 Füge den Teilsätzen im Präsens Teilsätze im Futur I hinzu.

Beispiel: Sie entschuldigt sich nie, aber bei dir **wird sie sich entschuldigen.**

1. Er schreibt keine Briefe, aber dir ....

2. Nachbars Katze frisst das nicht, aber diese frische Leber ....

3. Thomas liest keine Bücher, aber diesen Krimi ....

4. Eva isst kein Fleisch, aber eine Pizza ....

5. Paul vergisst viel, aber sein Judotraining ....

6. Ich räume selten mein Zimmer auf, aber morgen, wenn du kommst, ...

7. Ich bin oft bei meiner Freundin, aber in den Ferien ....

8. Peter spielt morgen mit Leo, aber mit Paul ....

30 Setze die richtige Form des Plusquamperfekts ein.

1. Nachdem sich unser Austauschschüler bei mir (*verabschieden*) .... ,

fuhr er mit meinen Eltern zum Flugplatz.

2. Wir .... (*Fred richtig lieb gewinnen*).

3. Bevor er zu uns kam, ... (*eine Schule in Schottland besuchen*).

4. Da er zu Hause schon etwas Deutsch .... (*lernen*),

konnte er sich auch mit unseren Nachbarn unterhalten.

5. Sie .... (*ihn oft einladen*), weil Fred

gerne mit ihrem kleinen Hund spielte.

6. Obwohl er sich vorher nie für klassische Musik .... (*interessieren*),

wollte er ständig Musik von Mozart hören.

7. Wir fuhren mit ihm nach Salzburg, weil er sich das .... (*wünschen*).

8. Obwohl ich Salzburg schon oft .... (*besuchen*), kam ich gerne wieder.

9. Die Fotos, die Fred in Salzburg .... (*machen*), wurden von allen bestaunt.

31 Trage die fehlenden Zeitformen in die Tabelle ein.

Infinitiv	Präsens	Präteritum	Perfekt	Plusquamperfekt	Futur I
haben		ihr hattet			
sein			sie sind gewesen		
werden	sie werden				
singen	sie singt				
spielen		wir spielten			
schreien			sie haben geschrien		
versprechen				du hattest versprochen	
kommen					er wird kommen
vergessen	ich vergesse				

32 **Bestimme in folgenden Sätzen die Zeitformen der Prädikate. Unterstreiche zuerst die Prädikate, dann erkennst du die Zeitformen leichter!**

1. Wer erklärt mir diese komplizierte Rechenaufgabe? ....

2. Warst du gestern auch im Theater? ....

3. Warum hast du mich nicht angerufen? ....

4. Bist du alleine nach Hause gegangen? ....

5. Hattest du dich wegen des Staus verspätet? ....

6. Wann wird dieser Lärm endlich aufhören? ....

7. In einem Jahr werden wir allen Streit vergessen haben. ....

8. Ein kleines Kind weinte vor dem Geschäft. ....

9. Mutter hatte etwas vergessen. ....

10. Ihr war noch etwas eingefallen. ....

11. Eine alte Frau versuchte das Kind zu beruhigen. ....

12. Ich gehe gerne mit meiner Mutter einkaufen. ....

13. Ich habe ihr beim Einkaufen immer gute Tipps gegeben. ....

14. Meine Mutter ist meistens darauf eingegangen. ....

15. Letzte Woche ergatterten wir im Angebot zwei Packungen Waschpulver. ....

16. Unser Supermarkt hat jetzt bis 21.00 Uhr offen. ....

17. Ich hatte noch keine Gelegenheit, so spät einkaufen zu gehen. ....

18. Lena kam gestern Abend zu mir. ....

19. Wir werden am Sonntag gemeinsam auf die Nachbarskinder aufpassen. ....

20. Damit können wir unser Taschengeld aufbessern. ....

21. Lena hat vor einem Jahr einen kleinen Bruder bekommen. ....

22. Sie hatte sich schon immer Geschwister gewünscht. ....

23. Gestern gab es im Fernsehen eine lustige Quizsendung. ....

24. Meine Eltern schauten auch zu. ....

25. Meine Mutter hat sehr viel gewusst, aber mein Vater ist eingeschlafen. ....

26. Mir fiel auch einiges ein. ....

27. Ich werde vorschlagen, in der Schule manchmal ein Quiz zu machen. ....

28. Die Ballade „Der Erlkönig" habe ich auswendig gelernt. ....

29. Ich hatte diese Ballade vorher noch nicht gekannt. ....

30. Diese Ballade hat Goethe geschrieben. ....

31. Bis zum Ende meiner Schulzeit werde ich einiges von Goethe gelesen haben. ....

33 **Die Sätze dieser Übung sind Zeitungsmeldungen entnommen. Übertrage die in Klammern gesetzten Verben in die richtigen Zeitformen, nämlich das Präteritum und (bei Vorzeitigkeit) das Plusquamperfekt.**

1. Mit Hilfe eines Schülers (*können*) die Salzburger Polizei einen mutmaßlichen Betrüger identifizieren. Der Bub (*bringen*) die Fahnder mit seiner Phantomzeichnung auf die Spur des Verdächtigen.

2. Zwei junge Urlauber (*geraten*) auf dem Wilden Kaiser in unwegsames Gelände. Die Bergrettung (*müssen*) sie mit dem Hubschrauber bergen.

3. Die Katze einer Villacher Pensionsbesitzerin (*sich verstecken*) im Kofferraum niederländischer Urlaubsgäste. Das Ehepaar (*bemerken*) das Tier erst bei der Mautstelle St. Michael.

4. Ein vierzigjähriger arbeitsloser Amerikaner (*finden*) in einem alten Sofa, das er auf einem Flohmarkt in Kansas City (*kaufen*), eine Kassette mit wertvollen alten Münzen.

5. Der lange gesuchte Braunbär (*können*) endlich von Tierschützern gefangen werden. Die Jagdbehörde (*freigeben*) ihn bereits zum Abschuss.

6. Ein einjähriges Mädchen (*retten*) der Pannenfahrer Walter S. aus dem versperrten Fahrzeug. Die Mutter (*stecken lassen*) den Schlüssel, und das Kind (*betätigen*) die Zentralverriegelung vom Kindersitz aus mit dem Fuß.

7. Ein jugendlicher Mopedfahrer (*erleiden*) schwerste Verletzungen, weil er beim Linksabbiegen den entgegenkommenden Pkw (*übersehen*).

8. Im Hotel „Alpenrose" (*ausbrechen*) ein Brand, weil ein Gast beim Rauchen (*einschlafen*).

9. Erst nach längerer Verfolgungsjagd (*gelingen*) es, den Verkehrsrowdy zu stoppen. Die Polizisten (*organisieren*) über Funk eine Straßensperre.

10. Ein junger Führerscheinneuling (*geraten*) am Mittwochnachmittag mit einem Kleinbus auf die Gegenfahrbahn und (*prallen*) dabei frontal gegen einen entgegenkommenden Lastkraftwagen. Der Lenker (*erleiden*) so schwere Verletzungen, dass er noch (*versterben*) an der Unglücksstelle.

11. Anrainer (*bergen*) einen schwer verletzten Lkw-Fahrer, der mit seinem 40-Tonner mehrere Meter tief von einer Brücke (*stürzen*). Das Führerhaus Feuer (*fangen*), der Lenker (*drohen*) zu verbrennen. Wenig später (*stellen*) sich heraus, dass der Unglückslenker keine Ruhezeiten (*einhalten*).

12. Ein einjähriger Bub (*überleben*) am Sonntagabend den Sturz aus dem siebten Stock eines Hochhauses schwer verletzt. Nach Angaben der Polizei (*dämpfen*) Sträucher den Aufprall.

13. Bitter (*verlaufen*) das Wochenende für die niederösterreichische Skirennläuferin, die noch vor dem Jahreswechsel auf dem Semmering als Siegerin des Riesentorlaufs (*jubeln*).

14. Nachdem die Urlauberin bei der Polizei Anzeige (*erstatten*), ihr sei Bargeld und eine Digitalkamera aus ihrem Zimmer gestohlen worden, (*erkennen*) sie bei einem Stadtbummel den Tatverdächtigen.

Der Konjunktiv – die Möglichkeitsform

(A) DIE BILDUNG VON KONJUNKTIV I UND KONJUNKTIV II

1 **Der Konjunktiv I** wird vom **Präsensstamm** (= Infinitiv ohne die Endung *-en*) abgeleitet. Sein besonderes Kennzeichen ist das **-e- in den Endungen**.

Präsensstamm	Konjunktiv I von *sagen*	Konjunktiv I von *schlafen*	Konjunktiv I von *lesen*
geh- schlaf- sag-	ich **sag-e**	ich **schlaf-e**	ich **les-e**
	du sag-**est**	du schlaf-**est**	du les-**est**
	er sag-**e**	er schlaf-**e**	er les-**e**
	wir **sag-en**	wir **schlaf-en**	wir **les-en**
	ihr sag-**et**	ihr schlaf-**et**	ihr les-**et**
	sie **sag-en**	sie **schlaf-en**	sie **les-en**

Die Präsensstämme der **Hilfsverben** lauten *hab-, sei-, werd-*. Von ihnen werden die Konjunktiv-I-Formen abgeleitet:

ich **hab-e**	ich sei	ich **werd-e**
du hab-**est**	du sei-**(e)st**	du werd-**est**
er hab-**e**	er sei	er werd-**e**
wir **hab-en**	wir sei-**en**	wir **werd-en**
ihr hab-**et**	ihr sei-**et**	ihr werd-**et**
sie **hab-en**	sie sei-**en**	sie **werd-en**

 Beachte: Die fett gedruckten Formen unterscheiden sich nicht vom Indikativ Präsens (Wirklichkeitsform der Gegenwart). Sie werden, damit man sie nicht mit dem Indikativ verwechselt, in vielen Texten durch den Konjunktiv II ersetzt.

2 **Der Konjunktiv II** wird bei **regelmäßigen** und **unregelmäßigen Verben** unterschiedlich gebildet:
Unregelmäßige Verben: Präteritumstamm + Endungen. Wenn möglich, auch Umlaut!

Präteritumstamm	Konjunktiv II von *nehmen*	Konjunktiv II von *schlagen*	Konjunktiv II von *rufen*	Konjunktiv II von *ziehen*
nahm schlug rief zog	ich **nähm-e**	ich **schlüg-e**	ich **rief-e**	ich **zög-e**
	du **nähm-est**	du schlüg-**est**	du rief-**est**	du zög-**est**
	er **nähm-e**	er schlüg-**e**	er rief-**e**	er zög-**e**
	wir **nähm-en**	wir schlüg-**en**	wir rief-**en**	wir zög-**en**
	ihr **nähm-et**	ihr schlüg-**et**	ihr rief-**et**	ihr zög-**et**
	sie **nähm-en**	sie schlüg-**en**	sie rief-**en**	sie zög-**en**

Konjunktiv-II-Formen, die keinen Umlaut haben, unterscheiden sich im Plural nicht vom Präteritum.
Vgl. den Konjunktiv II von *rufen*!

Regelmäßige Verben: Sie haben **die gleiche Form** wie der **Indikativ Präteritum**. Um Verwechslungen auszuschließen, werden sie häufig mit *würde* umschrieben!

*Hätte ich so hohes Fieber, **legte** ich mich ins Bett.* ▶ *... **würde** ich mich ins Bett **legen**.*

Hilfsverben: Sie haben **Endungen und Umlaut** wie bei den unregelmäßigen Verben:

*ich wär-**e**, ich hätt-**e**, ich würd-**e***

Einige Mischformen und Modalverben haben im Konjunktiv II Umlaut:

*ich dächt-**e**, ich brächt-**e**, ich wüsst-**e**, ich dürft-**e**, ich könnt-**e**, ich müsst-**e***

34 Setze in folgenden Sätzen den Konjunktiv I der Verben in Klammern ein.

1. Immer sagt er, er ......*habe*...... keine Zeit. (*haben*)

2. „Er ......*lebe*...... hoch!", riefen die begeisterten Zuschauerinnen. (*leben*)

3. Man ......*sei*...... mit dem Ergebnis zufrieden, erwiderte der Trainer. (*sein*)

4. Niemand ......*dürfe*...... ohne Ticket mitfahren, sagte die Reiseleiterin. (*dürfen*)

5. Herr Müller ......*wohne*...... nicht mehr hier, war die Auskunft einer Nachbarin. (*wohnen*)

6. Meine Deutschlehrerin meint, ich .... mehr lesen. (*sollen*)

7. Er .... sich von mir nichts vorschreiben, schrie er wütend. (*lassen*)

8. Deine Mutter erzählte mir, du .... jetzt in einer anderen Schule. (*sein*)

9. Er .... immer meinen Namen, klagte Herr Maier. (*vergessen*)

10. Man .... einen Becher Joghurt und zwei Becher Beeren. (*nehmen*)

11. Das Fest findet im Freien statt. Es .... denn, es regnet in Strömen. (*sein*)

12. Ich .... deutlicher sprechen, ermahnte mich meine Deutschlehrerin. (*müssen*)

13. Auf der Titelseite .... es ganz deutlich zu lesen, sagte mir mein Freund. (*stehen*)

14. Keine .... es gewesen sein, heißt es wieder. (*wollen*)

15. In ihrer Klasse .... es keine Rivalitäten, meint Lisa. (*geben*)

35 Bilde den Konjunktiv I zu den Indikativformen der Hilfsverben.

1. wir sind ....   wir haben ....   wir werden ....

2. du bist ....   du hast ....   du wirst ....

3. ich bin ....   ich habe ....   ich werde ....

4. er ist ....   er hat ....   er wird ....

5. sie sind ....   sie haben ....   sie werden ....

36 Bilde den Konjunktiv I zu den Indikativformen der Modalverben. Auch hier gehst du vom Präsensstamm aus.

1. ich darf ....   er darf ....   sie dürfen ....

2. du kannst ....   ich kann ....   es kann ....

3. er mag ....   du magst ....   wir mögen ....

4. wir müssen ....   er muss ....   ich muss ....

5. ihr sollt ....   ich soll ....   du sollst ....

6. sie wollen ....   sie will ....   ich will ....

37 **Setze in folgenden Sätzen den Konjunktiv II der eingeklammerten Verben ein.**

1. Wir .... gerne zu euch, wenn wir schon Ferien hätten. (*kommen*)

2. Ich .... mich an deiner Stelle gegen Grippe impfen. (*lassen*)

3. Die Lehrerin meinte, ich .... die Vokabel schon längst können. (*müssen*)

4. So etwas .... ich mir nie von dir gedacht! (*haben*)

5. Leo .... schneller, wenn er nicht verletzt wäre. (*laufen*)

6. Ich .... nicht hinter dem Schreibtisch, wenn ich keine Hausübung mehr hätte. (*sitzen*)

7. Lisa .... sich verschlafen haben. (*dürfen*)

8. Mutter sagt, sie .... es nicht übers Herz, das Kätzchen wegzugeben. (*bringen*)

9. Andi .... noch länger, wenn er schon alle Hausübungen gemacht hätte. (*bleiben*)

10. Bei Lawinengefahr eine Skitour zu unternehmen .... verantwortungslos sein. (*heißen*)

11. Es .... mir nicht im Traum ein, um Mitternacht bei dir anzurufen. (*fallen*)

12. Wenn er kühlen Kopf ...., würde er in die nächste Runde aufsteigen. (*behalten*)

13. Lisa meint, ihre Freundin .... sie im Stich gelassen. (*haben*)

14. Andi .... schon längst im Bett, wenn nicht Leo gekommen wäre. (*liegen*)

15. Es .... schön, dich wieder einmal zu sehen. (*sein*)

16. Wenn Leo seinen Freund ...., könnten wir Monopoly spielen. (*mitbringen*)

17. .... ich Sie um eine Auskunft bitten? (*dürfen*)

18. Du .... dich auch geirrt haben. (*können*)

19. Ich .... gerne eine berühmte Sängerin. (*sein*)

20. Wir .... uns sehr über euren Besuch freuen. (*werden*)

38 **Bilde den Konjunktiv II zu folgenden Verbformen. Achte auf die Präteritumstämme.**

1. ich fange	er sitzt	sie hat ....
2. er schießt	wir ziehen	du liest ....
3. sie malt	es gießt	sie wissen ....
4. wir essen	er darf	es heißt ....
5. du kannst	sie lässt	ich krieche ....
6. ihr rechnet	er öffnet	er begreift ....
7. wir werden	du bist	sie denken ....
8. es regnet	er schreibt	du kommst ....
9. ihr könnt	sie dürfen	er soll ....

(B) Die Umschreibung des Konjunktivs II mit *würde*

39 Ersetze die Umschreibung mit *würde* durch „elegantere" Formulierungen mit dem Konjunktiv II.

> *Beispiel:* Auf einen Kompromiss **würde** ich mich nicht **einlassen**. ▶ *... ließe ich mich nicht ein.*

1. Er würde gerne wieder zurückkommen.

2. Mit diesem Vorwurf würde man der Schülerin Unrecht tun.

3. Bei stabilem Wetter würde das Sportartikelgeschäft besser laufen.

4. Wir alle würden ein Fest als Projektabschluss toll finden.

5. Pia würde gerne mehr über Pauls Hobbys wissen.

6. Lisa tut so, als würde sie mit allem einverstanden sein.

7. Paul würde gerne noch länger bleiben, doch er muss zum Judotraining.

8. In diesem Aufzug würde ich mich nicht fotografieren lassen.

9. Ich würde gerne wieder einmal ins Theater gehen.

40 Formuliere folgende Satzgefüge so um, dass die Umschreibung mit *würde* höchstens einmal vorkommt. Wie gefällt dir die neue Version?

1. Würden wir weniger Energie verbrauchen, würde es weniger Naturkatastrophen geben.

2. Wenn wir öfter an die Folgen denken würden, würden uns Lösungen einfallen.

3. Wenn alles beim Alten bleiben würde, würde es keine Veränderungen geben.

4. Wenn die Leute mehr schwimmen gehen würden, würde es weniger Haltungsschäden geben.

5. Wir würden mehr über die Natur wissen, wenn wir sie aufmerksamer beobachten würden.

6. Viele Vögel würden nicht mehr kommen, wenn wir ihnen keinen Lebensraum lassen würden.

7. Wenn die Vögel ausbleiben würden, würden sich die Insekten rasch vermehren.

41 Ersetze die veraltet wirkenden Konjunktiv-II-Formen durch die Umschreibung mit *würde*.

1. Leo kennte den Fremden sofort wieder, wenn er ihm auf der Straße begegnete.

2. An deiner Stelle wüsche ich mir vor dem Essen immer die Hände.

3. Die Erdbebenopfer erfrören in ihren notdürftigen Zelten, steht in den Zeitungen.

4. Ich genösse die warme Sonne, wenn ich in Italien sein könnte.

5. Löge er nicht so viel, würde man ihm glauben.

6. An deiner Stelle äße ich einen Apfel anstatt einer Pizzaschnitte.

(C) DER GEBRAUCH DES KONJUNKTIVS

1 **Den Konjunktiv I verwendest du** sehr häufig in der **indirekten Rede**. (▶ Seite 108!)

2 **Den Konjunktiv II verwendest du**

- als **Ersatz für den Konjunktiv I**, wenn er sich nicht vom Indikativ Präsens unterscheidet:

  *Nur wenige Menschen sagen, sie **gingen** (◀ gehen) gerne zum Zahnarzt.*

- in **irrealen** Wunsch-, Bedingungs- und Vergleichssätzen:

  *Manchmal **wäre** ich gerne ein Mäuschen.*
  *Wenn ich ein Mäuschen **wäre**, **würde** ich euch **belauschen**.*
  *Ihr tut, als **hättet** ihr Geheimnisse.*

- als Ausdruck des **Zweifels**, der **Vorsicht** oder der **höflichen Zurückhaltung**:

  *Der Dieb behauptet, jemand **hätte** ihm die teure Uhr geschenkt.*
  *Das **dürfte** ein Missverständnis sein.*
  *Ich **hätte** gerne noch ein Eis.*

42 **Mache aus folgenden direkten Reden indirekte Reden und achte auf die Verwendung des Konjunktivs I.**

> *Beispiel:* Paul sagt: „Ich lese am liebsten Abenteuerbücher." ▶
> **Paul sagt, er lese am liebsten Abenteuerbücher.** (oder: ..., **dass er am liebsten Abenteuerbücher lese.**)

1. Lisa deutet an: „Neulich habe ich etwas Tolles erlebt."

2. „Ich kann mir vorstellen, was es gewesen ist", meint Paul.

3. Lisa entgegnet: „Du weißt gar nichts! So etwas hast du noch nie gesehen!"

4. Paul sagt darauf: „Ich platze vor Neugier. Etwas Besonderes erlebt man nicht alle Tage."

5. „Du sollst nicht immer so übertreiben. Du machst dich über mich lustig", ist Lisas Antwort.

6. Paul lenkt ein: „Du darfst mir nicht böse sein. Ich mache nur ein wenig Spaß."

7. „Ich verstehe keinen Spaß, und ich werde dir nie mehr etwas erzählen", sagt sie wütend.

8. „Schade. Das tut mir jetzt wirklich leid", sagt Paul betroffen.

43 **Wird in folgenden indirekten Reden der Konjunktiv I oder der Konjunktiv II verwendet? Streiche die falsche Lösung durch.**

Beispiel: Es **gebe** keinen verletzten Spieler, sagte die Teamärztin.	*Konj. I*	~~*Konj. II*~~
1. Alle Spieler seien in Topform, gab der Trainer zu verstehen.	*Konj. I*	*Konj. II*
2. Sie hätten sich für die Weltmeisterschaft gut vorbereitet, fuhr er fort.	*Konj. I*	*Konj. II*
3. Es herrsche unter seinen Leuten eine gute Stimmung, fügte er hinzu.	*Konj. I*	*Konj. II*
4. Alle würden mit vollem Einsatz spielen, war er überzeugt.	*Konj. I*	*Konj. II*
5. Seine Spieler brächten internationale Erfahrungen mit, führte er an.	*Konj. I*	*Konj. II*

6. Einige Spielerinnen könnten bereits auf große Erfolge zurückblicken.   *Konj. I*   *Konj. II*

7. Sie nähmen bereits zum zweiten Mal an der Weltmeisterschaft teil.   *Konj. I*   *Konj. II*

8. Von ihrer Erfahrung würden die jungen Spieler profitieren, erklärte er.   *Konj. I*   *Konj. II*

9. Er könne mit vielversprechenden Talenten aufwarten, verriet er.   *Konj. I*   *Konj. II*

10. Ihr Kampfgeist und ihre Technik hätten ihn überzeugt.   *Konj. I*   *Konj. II*

11. Er habe eine gute Auswahl getroffen, stellte er zufrieden fest.   *Konj. I*   *Konj. II*

12. Es gebe reale Chancen, ins Finale zu kommen.   *Konj. I*   *Konj. II*

---

44 **Der Konjunktiv I hat in diesen indirekten Reden die gleiche Form wie der Indikativ Präsens. Ersetze ihn der Eindeutigkeit halber durch den Konjunktiv II. Auch die Umschreibung mit *würde* ist möglich!**

1. Die Zeitungen schreiben, Tierschützerinnen nehmen (…) sich des Bären an.

2. Sie haben vor (…) ihn einzufangen und vor dem Abschuss zu retten.

3. Sie haben (…) bereits Fallen aufgestellt und Suchhunde engagiert.

4. Alle diese Bemühungen bleiben (…) erfolglos, weil der Bär immer woanders wieder auftauche.

5. Die Tierschützerinnen kommen (…) immer zu spät.

6. Die Kosten überschreiten (…) bereits das Jahresbudget.

7. Man suche (…) nach Sponsorinnen.

8. Bauern beklagen (…) bereits den Verlust von Hühnern und Schafen.

9. Einige Tiere verenden (…) schwer verletzt auf der Weide.

10. Immer wieder finden (…) die Bauern verletzte oder verendete Tiere.

---

45 **Alles sehr unwahrscheinlich! Übertrage folgende Sätze in den Konjunktiv II (auch die Umschreibung mit *würde* ist möglich), um deinen Zweifel zum Ausdruck zu bringen.**

Beispiel: Die Unterrichtszeiten *werden* (▶ **würden**) geändert.

Es gibt ein Gerücht, in dem es heißt, …

1. Die Schule beginnt erst um zehn Uhr. ▶ ....

2. Unterrichtsschluss ist um 18.00 Uhr. ▶ ....

3. Die Pausen dauern mindestens eine halbe Stunde. ▶ ....

4. Es gibt keine Tests mehr. ▶ ....

5. Zeugnisse werden abgeschafft. ▶ ....

6. Vier Wochen nach den Sommerferien kommen Herbstferien. ▶ ....

7. Am Montag bleibt die Schule immer geschlossen. ▶ ....

8. An diesem Tag arbeiten die Schülerinnen zu Hause. ▶ ....

9. Ihre Aufgaben bekommen sie per E-Mail. ▶ ....

10. Jede(r) erhält ein individuelles Förderprogramm. ▶ ....

46 **Übertrage folgende Sätze in den Konjunktiv II, um auszudrücken, dass es sich nicht um Tatsachen, sondern um unerfüllbare Wünsche handelt.**

Beispiel: Ich **bleibe** gerne hier. ▶ **Ich bliebe gerne hier.**

1. Ich bin gern ein großer Star. ▶ ....

2. Ich stehe ständig im Rampenlicht. ▶ ....

3. Die Menschen bitten mich um Autogramme. ▶ ....

4. Ich habe viele Fans. ▶ ....

5. Geld spielt keine Rolle. ▶ ....

6. Ich steige in den besten Hotels ab. ▶ ....

7. Ich ziehe die teuersten Kleider an. ▶ ....

8. Ich kaufe mir tolle Autos. ▶ ....

9. Ich trete häufig im Fernsehen auf. ▶ ....

10. Ich werde beneidet und bewundert. ▶ ....

47 **Setze den Konjunktiv II der in Klammern angegebenen Verben ein und drücke damit aus, dass das alles nicht der Realität entspricht.**

1. Sie spricht, als .... sie Expertin. (*sein*)

2. Er tut, als .... ihn das alles nichts an. (*gehen*)

3. Die Kinder springen herum, als .... sie einen Gummiball eingebaut. (*haben*)

4. An deiner Stelle .... ich zu Hause. (*bleiben*)

5. Du bist angezogen, als .... du von einer Faschingsparty. (*kommen*)

6. Du kommst mir vor, als .... du auf dem Mond. (*leben*)

7. Manchmal .... (*können*) ich vor Wut explodieren.

8. Wenn ich Bescheid .... (*wissen*), würde ich es dir sagen.

9. Wenn du öfter an mich .... (*denken*), ... (*sein*) ich glücklich.

10. Wenn mir mehr .... (*einfallen*), ... (*schreiben*) ich mehr.

11. .... (*haben*) ich mehr Geld, würde ich nach Paris fahren.

12. .... (*sein*) ich der Chef, würde ich das nicht erlauben.

(D) DIE ZEITFORMEN DES KONJUNKTIVS

Zur Erinnerung: Der Konjunktiv hat **für Vergangenes nur eine Zeitform**.

Zeitstufe	Konjunktiv I	Konjunktiv II
Gegenwärtiges	*er gehe*	*er ginge*
Vergangenes	er **sei** gegangen er **habe** gesagt	er **wäre** gegangen er **hätte** gesagt
Zukünftiges	er **werde** gehen	er **würde** gehen

48 **Bilde zu den Indikativformen folgender Verben den Konjunktiv I und Konjunktiv II. Bestimme zunächst auch die Zeitformen der Verben.**

	Zeitform	Konjunktiv I	Konjunktiv II
er läuft			
sie wird kommen			
sie blieben			
du hast gesehen			
wir waren gegangen			
sie hatte gedacht			

49 **Übertrage folgende Sätze in die indirekte Rede. Beachte die Konjunktivformen für zukünftige Handlungen.**

1. Der Trainer sagt: „Ich werde ein gutes Team aufstellen."

2. Der Tormann sagt: „Ich werde mich sehr konzentrieren."

3. Der Kapitän sagt: „Ich werde von Anfang an Druck machen."

4. Die Organisatoren sagen: „Wir werden für Sicherheit sorgen."

5. Die Journalisten sagen: „Es wird interessante Berichte geben."

6. Viele Fußballfans sagen: „Wir werden uns die Spiele im Fernsehen ansehen."

50 **Übertrage folgende Sätze in die indirekte Rede. Beachte die Konjunktivformen für vergangene Handlungen.**

1. Lea sagte: „Ich habe die Schlussprüfung mit ‚Sehr gut' bestanden."

2. Sie sagte: „Ich hatte damit nicht gerechnet."

3. Sie sagte: „Die Lehrerin war mit meiner Leistung sehr zufrieden."

4. „Gestern wiederholte ich noch einmal alles", sagte sie.

5. Sie sagte: „Paula kam zu mir und sie fragte mich ab."

6. Paula sagte: „Ich hatte es ihr nach ihrer verpatzten Prüfung versprochen."

Das Passiv

(A) DER UNTERSCHIED ZWISCHEN AKTIV UND PASSIV

1 Das **Passiv** erkennst du an den Formen des Hilfsverbs *werden* und dem **Partizip II** des Vollverbs:

*ich **werde** gerufen, du **wirst** gerufen, er **wird** gerufen …*
*ich **wurde** gerufen, du **wurdest** gerufen, er **wurde** gerufen …*
*ich **werde** gerufen **werden**, du **wirst** gerufen **werden** …*
*ich bin gerufen **worden** … – ich war gerufen **worden** …*

2 Das **Aktiv** braucht immer einen **Handlungsträger** (Täter), während für das **Passiv** allein das **Geschehen** (die Handlung) wichtig ist.

Aktiv	Passiv
***Die Feuerwehr** löscht den Brand.*	*Ein Rettungshubschrauber **wurde angefordert**. Zwei Kinder*
***Der Notarzt** versorgt den Verletzten.*	***wurden** ins Krankenhaus **gebracht**.*
***Viele Neugierige** behindern den Einsatz.*	
Wichtig ist, **WER etwas tut!**	Wichtig ist, **WAS geschieht!**

51 **Gib an, ob es sich um Aktiv- oder Passivsätze handelt. Unterstreiche bei den Aktivsätzen den jeweiligen Handlungsträger (den Täter/ die Täterin) und markiere in den Passivsätzen die Prädikate.**

1. Unsere Schule wird renoviert. _____ Passiv

2. In den Ferien werden die Fenster erneuert. _____ Passiv

3. Bauarbeiter reißen die alten Fensterstöcke heraus. _____ Aktiv

4. Der Architekt plant einen neuen Turnsaal. _____ Aktiv

5. Auch die Garderoben werden neu gestaltet. _____ Passiv

6. Die Lehrer/-innen wünschen sich Internet-Anschlüsse in den Klassen. _____

7. Die Schüler/-innen freuen sich auf einen schönen großen Pausenraum. _____

8. Das Konferenzzimmer wird vergrößert werden. _____

9. Neue Fußböden sind schon verlegt worden. _____

10. Der Bürgermeister bewilligt neue Pulte. _____

11. PCs wurden bei einer Computerfirma bestellt. _____

12. Viele Wünsche der Lehrer/-innen und Schüler/-innen werden berücksichtigt. _____

13. Nichts wird dem Zufall überlassen. _____

14. Die Schüler/-innen werden ihre Projekte präsentieren. _____

15. Sketches werden in der Deutschstunde einstudiert. _____

16. Der Chor wird bei der Eröffnung singen. _____

17. Ein Büfett wird mit viel Liebe vorbereitet. _____

18. Der Bürgermeister wird eine Ansprache halten. _____

(B) VOM AKTIV INS PASSIV UND UMGEKEHRT

Zur Erinnerung:

Aktiv	**Passiv**
Das Subjekt des Satzes **tut** etwas:	Mit dem Subjekt des Satzes **geschieht** etwas:
Kinder entdecken *einen Schatz.*	*Ein Schatz* wird *von Kindern* entdeckt.

Wenn du einen Satz aus dem Aktiv ins Passiv überträgst,

- wird das **Akkusativobjekt** des Aktivsatzes zum **Subjekt** im Passivsatz und
- das **Subjekt** des Aktivsatzes zu einer **präpositionalen Fügung** im Passivsatz:

Akkusativobjekt

Aktiv: *Alle* begrüßen **die erfolgreiche Sportlerin.**

Subjekt   präpositionale Fügung

Passiv: ***Die erfolgreiche Sportlerin*** wird   *von allen*   *begrüßt.*

52 **Unterstreiche die Akkusativobjekte, bevor du diese Sätze ins Passiv überträgst.**

> *Beispiel:* Die Mutter macht eine gute Pizza . ► **Eine gute Pizza wird von der Mutter gemacht.**

1. Die meisten Kinder essen gerne Süßigkeiten. ► ....

2. Nur noch die wenigsten Hauskatzen fangen heute Mäuse. ► ....

3. Im Keller knabberten Mäuse das Obst an. ► ....

4. Niemand hörte das Jaulen des Hundes. ► ....

5. Der Busfahrer schloss die Türen. ► ....

6. Die Zugschaffnerin kontrolliert die Fahrkarten. ► ....

7. Einige Touristen benötigen ein Taxi. ► ....

8. Eine Gruppe von Wanderern studiert den Fahrplan. ► ....

9. Man sucht eine günstige Verbindung. ► ....

10. Ein älterer Herr fragt eine Polizistin nach dem Weg. ► ....

11. Ein Jugendlicher findet eine Geldtasche. ► ....

12. Er meldet den Fund bei der Polizei. ► ....

13. Die meisten Menschen benutzen die Rolltreppe. ► ....

14. Einige Leute bevorzugen den Lift. ► ....

15. Die Reisenden schleppen schwere Koffer. ► ....

16. Gestern versäumte mein Freund den Bus. ► ....

17. Er rief mich an. ► ....

18. Meine Mutter holte ihn dann mit dem Auto. ► ....

19. Wir bastelten ein kleines Segelflugzeug. ► ....

20. Mutter machte uns eine gute Jause. ► ....

21. Vater zeigte uns einige gute Tricks. ► ....

22. Meine kleine Schwester bewunderte unser Werk. ► ....

23. Am Abend begleitete ich meinen Freund zum Bus. ► ....

24. Der Wetterbericht meldete wieder Schönwetter. ► ....

25. Am nächsten Nachmittag probierten wir den Segelflieger aus. ► ....

53 **Unterstreiche die Subjekte in diesen Passivsätzen, bevor du sie ins Aktiv überträgst. Schreib die Sätze in dein Übungsheft.**

Beispiel: Der Täter wurde von zwei Zeugen identifiziert. ► **Zwei Zeugen identifizierten <u>den Täter</u>.**

 Achtung! Viele Passivsätze haben keine präpositionale Fügung, weil der Handlungsträger (Täter) nicht wichtig ist. Bei der Übertragung ins Aktiv ist für das Subjekt ein passender Handlungsträger nötig. Du findest dazu in Klammern einen Vorschlag. Beispiel:

Die fehlenden Schüler und Schülerinnen werden ins Klassenbuch eingetragen. (der Lehrer) ►
***Der Lehrer** trägt die fehlenden Schüler und Schülerinnen ins Klassenbuch ein.*

1. Der Verkehrsrowdy wurde von zwei Polizisten gestoppt.

2. Der Unfall wurde von einem streunenden Hund verursacht.

3. Der Bankräuber wurde von einem Passanten beobachtet.

4. Der Kaufhausdieb wurde der Polizei übergeben. *(der Geschäftsleiter)*

5. Das kleine Kind wurde mit dem Hubschrauber ins Krankenhaus gebracht. *(man)*

6. Eine alte Frau wurde von einem Unbekannten ausgeraubt.

7. Der Brand wurde durch einen Blitz ausgelöst.

8. Das Löschwasser wurde aus einem Teich geholt. *(die Feuerwehr)*

9. Viele Häuser wurden durch den Hochwasser führenden Fluss überschwemmt.

10. Die Keller wurden von der Feuerwehr ausgepumpt.

11. Die Brücke wurde von den Fluten weggerissen.

12. Ein Wohnhaus wurde durch eine Mure beschädigt.

13. Die Straße wurde durch einen umgestürzten Baum blockiert.

14. Ein Auto wurde von der Feuerwehr aus dem reißenden Bach gehoben.

15. Alte Menschen wurden in Sicherheit gebracht. *(freiwillige Helfer)*

16. Sandsäcke wurden gefüllt. *(Bundesheersoldaten)*

17. Viel Schlamm wurde aus den Häusern entfernt. *(die Menschen)*

18. Die Bevölkerung wurde zum Spenden aufgerufen. *(verschiedene Hilfsorganisationen)*

19. Eine Notbrücke wurde von Soldaten gebaut.

20. Geröll wurde von Bautrupps mit Baggern entfernt.

21. Nach Wochen wurde die Straße für den Verkehr freigegeben. *(die Behörden)*

(C) VORGANGSPASSIV UND ZUSTANDSPASSIV

Das Vorgangspassiv wird mit dem Hilfsverb *werden* + dem **Partizip II** gebildet. Es drückt ein **Geschehen** oder eine **Tätigkeit** aus:

*Das Tor **wird** am Abend **geschlossen**.*

Das Zustandspassiv wird mit dem Hilfsverb *sein* + dem **Partizip II** gebildet. Es kennzeichnet das **Ergebnis einer Handlung**:

*Das Tor **ist** am Abend **geschlossen**.*

54 Entscheide, ob es sich in folgenden Sätzen um ein Vorgangspassiv oder um ein Zustandspassiv handelt. Streiche die falsche Lösung durch.

1. Der Salat wird gewaschen.	*Vorgangspassiv*	*Zustandspassiv*
2. Eine Marinade wird zubereitet.	*Vorgangspassiv*	*Zustandspassiv*
3. Die Suppe ist gut gewürzt.	*Vorgangspassiv*	*Zustandspassiv*
4. Das Gemüse wurde in Butter gedünstet.	*Vorgangspassiv*	*Zustandspassiv*
5. Das Fleisch ist fertig gebraten.	*Vorgangspassiv*	*Zustandspassiv*
6. Die Soße wird mit Rotwein abgeschmeckt.	*Vorgangspassiv*	*Zustandspassiv*
7. Die Torte ist sehr schön verziert.	*Vorgangspassiv*	*Zustandspassiv*
8. Das Obst wird bereitgestellt.	*Vorgangspassiv*	*Zustandspassiv*
9. Die Getränke sind gekühlt.	*Vorgangspassiv*	*Zustandspassiv*
10. Der Tisch ist gedeckt.	*Vorgangspassiv*	*Zustandspassiv*
11. Die Vorspeise wird serviert.	*Vorgangspassiv*	*Zustandspassiv*

55 Übertrage folgende Aktiv-Sätze sowohl ins Vorgangspassiv (V) als auch ins Zustandspassiv (Z). Die präpositionale Fügung darf dabei wegfallen.

Beispiel: Paul repariert Linas Fahrrad.   ► V: **Linas Fahrrad wird repariert.**
► Z: **Linas Fahrrad ist (schon) repariert.**

1. Wir räumen das Zimmer auf.   ► V: ....

► Z: ....

2. Lina staubt die Möbel ab.   ► V: ....

► Z: ....

3. Ich putze das Fenster.   ► V: ....

► Z: ....

4. Wir ordnen unsere Sachen.   ► V: ....

► Z: ....

(D) DIE ZEITFORMEN DES PASSIVS

1 **Die Zeitformen des Vorgangspassivs:**

Du bildest sie mit den Zeitformen des Hilfsverbs *werden* + **Partizip II** des Vollverbs:

Präsens: *ich* **werde,** *du* **wirst,** *er/sie/es* **wird,** *wir* **werden** ... gesehen

Präteritum: *ich* **wurde,** *du* **wurdest,** *er/sie/es* **wurde,** *wir* **wurden** gesehen

Perfekt: *ich* **bin,** *du* **bist,** *er/sie/es* **ist,** *wir* **sind** ... gesehen **worden**

Plusquamperfekt: *ich* **war,** *du* **warst,** *er/sie/es* **war,** *wir* **waren** gesehen **worden**

Futur I: *ich* **werde,** *du* **wirst,** *er/sie/es* **wird,** *wir* **werden** gesehen **werden**

Futur II: *ich* **werde,** *du* **wirst,** *er/sie/es* **wird,** *wir* **werden** gesehen **worden sein**

2 **Die Zeitformen des Zustandspassivs:**

Du bildest sie mit den Zeitformen des Hilfsverbs *sein* + **Partizip II** des Vollverbs:

Präsens: *ich* **bin,** *du* **bist,** *er/sie/es* **ist,** *wir* **sind** eingeladen

Präteritum: *ich* **war,** *du* **warst,** *er/sie/es* **war,** *wir* **waren** eingeladen

Perfekt: *ich* **bin,** *du* **bist,** *er/sie/es* **ist,** *wir* **sind** eingeladen **gewesen**

Plusquamperfekt: *ich* **war,** *du* **warst,** *er/sie/es* **war** eingeladen **gewesen**

Futur I: *ich* **werde,** *du* **wirst,** *er/sie/es* **wird** eingeladen **sein**

Futur II: *ich* **werde,** *du* **wirst,** *er/sie/es* **wird** eingeladen **gewesen sein**

56 **Präsens oder Präteritum? Bestimme die Zeitformen des Vorgangspassivs.**

1. Felix wird oft ermahnt. ....
2. Gestern wurde er wieder beim Abschreiben erwischt. ....
3. Seine Arbeit wurde nicht benotet. ....
4. Wirst du wieder zum Klassensprecher gewählt? ....
5. Ich wurde von meinen Freunden gefragt. ....
6. Auch sie werden als mögliche Kandidaten genannt. ....
7. Du wurdest von Felix und seinen Freunden vorgeschlagen. ....

57 **Präsens oder Futur I? Bestimme die Zeitformen des Vorgangspassivs.**

1. Das Ergebnis wird von niemandem beeinsprucht werden. ....
2. Die Termine werden von der Behörde festgesetzt. ....
3. Genaueres wird in der Zeitung veröffentlicht. ....

4. Nichts wird dem Zufall überlassen. ....

5. Es werden kaum noch Anträge eingebracht werden. ....

6. Jeder Vorschlag wird genau überprüft. ....

7. Du wirst sicher noch von uns gebraucht werden. ....

58 Präteritum oder Perfekt? Bestimme die Zeitformen des Vorgangspassivs.

1. Gestern Nacht wurde in unserem Supermarkt eingebrochen. ....

2. Die Kassen wurden aufgebrochen. ....

3. Geld wurde von den Gangstern nicht gefunden. ....

4. Das Geld ist glücklicherweise von der Filialleiterin zur Bank gebracht worden. ....

5. Der Einbruch wurde von einem Passanten entdeckt. ....

6. Ein Fenster ist von den Einbrechern eingeschlagen worden. ....

7. Im Verkaufsraum sind die Regale geplündert worden. ....

59 Perfekt oder Plusquamperfekt? Bestimme die Zeitformen.

1. Leas Fahrrad ist gestohlen worden. ....

2. Mir war letztes Jahr mein Fahrrad entwendet worden. ....

3. Die Kinder sind nach der dritten Stunde nach Hause geschickt worden. ....

4. Der frühe Unterrichtschluss war mit den Eltern vereinbart worden. ....

5. Über Gewalt an Schulen ist in letzter Zeit viel gesprochen worden. ....

6. Früher war über dieses Thema kaum diskutiert worden. ....

60 Futur I oder Futur II? Bestimme die Zeitformen des Vorgangspassivs.

1. Die Post wird uns in den Ferien nachgeschickt werden. ....

2. Der Brief wird schon aufgegeben worden sein. ....

3. Das Zelt wird von den großen Brüdern aufgestellt werden. ....

4. Ein guter Platz wird sicher von den Eltern gefunden worden sein. ....

5. Das Essen wird gemeinsam zubereitet werden. ....

6. Das Geschirr wird sicher schon ausgepackt worden sein. ....

7. Wasser wird vom Brunnen geholt werden. ....

8. Die Mahlzeiten werden im Schatten eines Baumes eingenommen werden. ....

9. Die Party wird zur Zufriedenheit aller organisiert worden sein. ....

61 Entscheide, ob die Formen des Hilfsverbs *werden* für das Präsens Passiv oder das Futur I Aktiv verwendet werden. Streiche die falsche Lösung durch.

Beispiel: Von wem **wird** dieses Haus **bewohnt**? *Präsens Passiv* ~~*Futur I Aktiv*~~
Vater **wird** jemanden **fragen**. ~~*Präsens Passiv*~~ *Futur I Aktiv*

1. Bei unserer Planung wird nichts dem Zufall überlassen. *Präsens Passiv* ~~*Futur I Aktiv*~~

2. Die Sonne wird bald untergehen. ~~*Präsens Passiv*~~ *Futur I Aktiv*

3. Die Kinder werden zum Essen gerufen. *Präsens Passiv* ~~*Futur I Aktiv*~~

4. Nach dem Essen werden sie noch ein bisschen fernsehen. ~~*Präsens Passiv*~~ *Futur I Aktiv*

5. Der Fernseher wird nur für bestimmte Sendungen eingeschaltet. *Präsens Passiv* ~~*Futur I Aktiv*~~

6. Paul wird noch etwas länger aufbleiben und lesen. ~~*Präsens Passiv*~~ *Futur I Aktiv*

7. Die kleine Schwester wird von der Mutter ins Bett gebracht. *Präsens Passiv* ~~*Futur I Aktiv*~~

8. Mutter wird ihr wie jeden Abend eine Geschichte vorlesen. ~~*Präsens Passiv*~~ *Futur I Aktiv*

9. Die kleine Schwester wird bald schlafen. ~~*Präsens Passiv*~~ *Futur I Aktiv*

10. Die Vorhänge werden zugezogen und das Licht wird abgedreht. *Präsens Passiv* *Futur I Aktiv*

11. Paul wird sich noch ein bisschen mit Vater unterhalten. *Präsens Passiv* *Futur I Aktiv*

12. Es werden Pläne für das Wochenende geschmiedet. *Präsens Passiv* *Futur I Aktiv*

13. Paul wird mit seinem Vater eine Radtour machen. *Präsens Passiv* *Futur I Aktiv*

14. Paul wird auch seinen Freund Leo mitnehmen. *Präsens Passiv* *Futur I Aktiv*

62 Bestimme die Zeitformen des Vorgangspassivs.

1. Einige von uns werden morgen von Herrn Müller geprüft werden. ....

2. Ich bin schon lange nicht mehr geprüft worden. ....

3. In Englisch werde ich oft geprüft. ....

4. Gestern wurde mein Freund aufgerufen. ....

5. Er war schon vor zwei Wochen zu einer Prüfung vorgemerkt worden. ....

6. Er wird so manches aus den letzten beiden Kapiteln gefragt worden sein. ....

7. Wir werden sicher noch verständigt werden. ....

8. Niemand wurde darüber in Kenntnis gesetzt. ....

9. Bist du schon einmal von einer Biene gestochen worden? ....

10. Ich werde sicher einmal von einer Biene gestochen worden sein. ....

11. Vor Jahren war ich einmal von einem Hund gebissen worden. ....

12. Ich wurde damals ins Krankenhaus gebracht. ....

13. Seid ihr von euren Eltern von der Schule abgeholt worden? ....

14. Wir werden oft von unseren Eltern zur Schule gebracht und abgeholt. ....

15. Für das Straßenfest wird der Verkehr umgeleitet werden. ....

16. Vor Jahren waren noch Zelte aufgestellt worden. ....

17. Heuer sind Straßenkünstlerinnen eingeladen worden. ....

18. Unsere Bürgermeisterin wird von allen sehr geschätzt. ....

63 Bestimme die Zeitformen des Zustandspassivs.

1. Die Wäsche ist schon gewaschen. ....

2. Die Schuhe waren geputzt. ....

3. Die Hemden und Blusen sind bereits gebügelt gewesen. ....

4. Das Problem wird rasch gelöst sein. ....

5. Der Schaden ist behoben. ....

6. Die Schuhe waren verschmutzt gewesen. ....

7. Die Schlammspuren waren rasch beseitigt. ....

8. Die Hose wird zerrissen gewesen sein. ....

9. Der Trainingsanzug ist verschwitzt gewesen. ....

10. Die Jacke ist zerknautscht. ....

64 Übertrage folgende Sätze in eine andere Zeitform des Zustandspassivs.

a) Vom Präsens ins Präteritum

1. Die Leitung ist unterbrochen. ► ....

2. Das Gespräch ist beendet. ► ....

3. Das Mobiltelefon ist ausgeschaltet. ► ....

4. Die Nummer ist gespeichert. ► ....

b) Vom Präsens ins Perfekt

5. Die Wohnung ist abgeschlossen. ► ....

6. Die Alarmanlage ist eingeschaltet. ► ....

7. Die Blumen sind versorgt. ► ....

8. Der Fernseher ist ausgeschaltet. ► ....

d) Vom Präsens ins Futur I

9. Der Frühstückstisch ist gedeckt. ► ....

10. Die Eier sind gekocht. ► ....

11. Die Brote sind gestrichen. ► ....

12. Der Tee ist aufgegossen. ► ....

(E) DIE INFINITIVFORMEN DES PASSIVS

Auch für das Passiv gibt es den Infinitiv mit oder ohne *zu*:

Für Gegenwärtiges den Infinitiv **Präsens Passiv**:   *gesehen (zu) werden*

Für Vergangenes den Infinitiv **Perfekt Passiv**:   *gesehen worden (zu) sein*

65 **Übertrage folgende Sätze ins Passiv. Schreib sie in dein Übungsheft.**

> *Beispiel:* Man muss die Fenster <u>schließen</u>. ▶ **Die Fenster müssen geschlossen werden.**

1. Man darf bei der Schlossbesichtigung keine Straßenschuhe tragen.

2. Man muss beim Eingang passende Pantoffeln überziehen.

3. Man soll größere Taschen an der Garderobe abgeben.

4. Man darf in den Museumsräumen keine Fotos machen.

5. Man kann Bilder und Andenken im Museumsshop kaufen.

6. Man kann im Büfett eine Kleinigkeit essen.

66 **Vervollständige die Sätze mit dem Infinitiv Perfekt Passiv. Die Verben sind in Klammern angegeben.**

> *Beispiel:* Das Büfett dürfte bereits .... (eröffnen) ▶
> Das Büfett dürfte bereits **eröffnet worden sein.**

1. Die Würstel dürften bereits alle .... (*verzehren*)

2. Wurstbrote dürften noch .... (*bringen*)

3. Zu viel Salat dürfte .... (*machen*)

4. Der Kaffee dürfte .... (*vergessen*)

5. Die Tortenstücke dürften schon .... (*austeilen*)

6. Die Getränke dürften ausreichend .... (*kühlen*)

67 **In diesen Übungen brauchst du den Infinitiv Passiv mit *zu*. Forme folgende Sätze zu Vermutungen um.**

> *Beispiel:* Das Kind <u>wird</u> untersucht. ▶ **Das Kind scheint untersucht zu werden.**
> Das Kind <u>wurde</u> untersucht. ▶ **Das Kind scheint untersucht worden zu sein.**

1. Das Nachbarhaus wurde verkauft. ▶ ....

2. Die Räume werden renoviert. ▶ ....

3. Der Garten wird neu gestaltet. ▶ ....

4. Die Wohnungen werden vermietet. ▶ ....

5. Die Garage wurde vergrößert. ▶ ....

6. Das Dach wurde vor zehn Jahren erneuert. ▶ ....

7. Die Fenster werden nicht ausgewechselt. ▶ ....

Das Nomen – das Substantiv/Hauptwort

(A) Das grammatische Geschlecht des Nomens

1 **Begleiter und Stellvertreter** zeigen (in der Einzahl) das Geschlecht an:
*Der/Dieser Apfel gehört dir. **Er** lag auf deinem Platz.*

2 Bei Nomen mit **Nachsilben** kannst du das Geschlecht erkennen:

weiblich: *-in, -ei, -ung, -heit, -keit, -schaft, -nis, (bei Fremdwörtern:) -ade, -age, -ette, -ie, -ion, -ine, -tät, -üre*

männlich: *-er, -ling, -rich, (bei Fremdwörtern:) -ant, -ent, -ier, -or, -ismus*

sächlich: *-lein, -chen, -nis, (bei Fremdwörtern:) -(i)um, -ma, -ment, -ett*

3 In einigen **gleichlautenden Wörtern** bestimmt der Artikel die Bedeutung:

Beispiele: *die Leiter/der Leiter, der Tau/das Tau, der Laster/das Laster*

68 Ordne folgende Nomen nach ihrem Geschlecht und trage sie mit Artikel in diese Tabelle ein.

Atlas, Lexikon, Benzin, Teller, Motor, Korb, Birne, Butter, Telefon, Monat, Woche, Husten, Zwiebel, Kartoffel, Podest, Protest, Möbel, Polster, Semmel, Radio, Temperatur, Thermometer, Klima, Kompromiss, Trauer, Thema, Diät, Katalog, Nomen, Saison, Zirkus, Gespenst, Tugend, Eis, Uhr

weiblich	männlich	sächlich

69 Füge das passende Personalpronomen ein, das sich als Stellvertreter auf das fett gedruckte Nomen bezieht. Bestimme auch das Geschlecht des Nomens. Verwende die Abkürzungen *w* (für *weiblich*), *m* (für *männlich*), *s* (für *sächlich*).

1. Meine Mutter trinkt nachmittags gerne **Kaffee**. .... macht sie wieder frisch und munter.   (...........)

2. Vater trinkt am Abend gerne **Bier**. Er kauft .... im Supermarkt.   (...........)

3. Ich trinke am liebsten **Limonade**. .... schmeckt mir zu jeder Tageszeit.   (...........)

4. **Obst** ist gesund, ... stärkt das Immunsystem.   (...........)

5. **Lachen** ist keine Krankheit, obwohl .... ansteckend ist.   (...........)

6. Vor Weihnachten hoffen wir auf **Schnee**. .... macht das Fest erst richtig stimmungsvoll.   (...........)

7. Zum Reifen braucht der Wein **Sonne**. .... ist für den Zuckergehalt verantwortlich.   (............)

8. **Langeweile** muss nicht sein, wenn du .... mit Aktivitäten bekämpfst.   (............)

9. Für das Projekt brauchen wir **Geld**. .... fehlt an allen Ecken und Enden.   (............)

10. Sie verwendet beim Kochen viel **Pfeffer**. .... ist ihr Lieblingsgewürz.   (............)

70   **Diese Nomen sind unvollständig. Ergänze sie mit der passenden Nachsilbe und trage sie in eine Tabelle ein, die du nach folgendem Muster in deinem Übungsheft anlegst.**

unvollständige Nomen: Sport..., Frei..., Ego..., Brüder..., Gymnas..., Eitel..., Zeug..., Begeister..., Profess..., Musik..., Marmel..., Blüm..., Kinder..., Flücht..., Firma..., Gar..., Pati..., Plan..., Law..., Quart..., Kli..., Melod..., Ingeni..., Zentr...

Nachsilben: -keit, -ant, -lein, -nis, -ismus, -heit, -ium, -ler, -ung, -or, -ade, -ei, -ling, -age, -um, -ent, -chen, -et, -ine, -ett, -ma, -ment, -ie, -eur

weiblich	männlich	sächlich

71   **Die Bedeutung des Nomens hängt in einigen Fällen von seinem Geschlecht ab. Setze den zur jeweiligen Bedeutung passenden Artikel ein.**

1. .... Kiefer ist ein Nadelbaum mit langen Nadeln.

2. .... Steuer für Tabakwaren ist berechtigt.

3. Herr Berger ist .... Leiter des Projekts.

4. .... neue Hut passt gut zu deinem Gesicht.

5. Vater lehnt .... Leiter an die Mauer.

6. Er hält .... Steuer fest in der Hand.

7. Das Nomen „.................... Hut" findest du in der Zusammensetzung „die Nachhut".

8. .... See ist von einem Schilfgürtel umgeben.

9. Der Koch verwendet .... Mark für die Suppeneinlage.

10. .... See war stürmisch, als das Fischerboot in den Hafen einlief.

11. .... Tor der Garage öffnet sich automatisch.

12. Wenn .... Tau reißt, gibt es ein Unglück.

13. Hans im Glück war .... größte Tor in Grimms Märchen.

14. Im Schatten bleibt .... Tau lange auf der Wiese liegen.

15. .... Kiefer ist ein Teil des Kopfskeletts.

(B) Singular und Plural – Einzahl und Mehrzahl des Nomens

1 Über die **Bildung der Mehrzahl** einzelner Nomen geben **Wörterbücher** Auskunft. **Folgende Regeln** solltest du dir jedoch einprägen:

- **Maskulina und Neutra** (männliche und sächliche Nomen), **die auf -el enden**, verändern sich im Nominativ und Akkusativ Plural nicht: *der Schlüssel/die Schlüssel, das Segel/die Segel.*
  (Beachte die drei **Ausnahmen:** *der Muskel/die Muskeln, der Stachel/die Stacheln; der Pantoffel/die Pantoffeln*!)

- In den **Nachsilben -nis und -in verdoppelt** sich in der Mehrzahl der auslautende Mitlaut:
  das Bedürfnis/die Bedürfnisse; die Ärztin/die Ärztinnen.

2 Einige Nomen haben je nach Bedeutung **unterschiedliche Mehrzahlformen**. Zum Beispiel:

das Wort ▸ *die Wörter* (einzelne Wörter) – *die Worte* (Sätze, kurze Rede)

72 **Setze die richtige Pluralform der eingeklammerten Nomen ein.**

1. Es galt verschiedene .... zu bewältigen. (*Hindernis*)

2. Die .... kamen wegen des Glatteises mit Verspätung an. (*Bus*)

3. Die .... wählten eine Sprecherin. (*Schülerin*)

4. Die .... werden von den Jägern geschont. (*Iltis*)

5. Beim Schwimmen trainiert man viele .... (*Muskel*)

6. Schwere .... donnern durch unseren Ort. (*Lkw*)

7. Sie setzte alle .... in Bewegung, um den Job zu bekommen. (*Hebel*)

8. Sie zog ihre schmutzigen .... vor der Wohnungstüre aus. (*Stiefel*)

9. In unserem Wohnbezirk gibt es einige schöne .... (*Villa*)

10. Zu Hause trägt Vater am liebsten .... (*Pantoffel*)

11. In der Bibliothek stehen mehrere .... (*Lexikon*)

12. Onkel Fritz zeigte uns seine .... (*Markenalbum*)

13. Wir sollten uns an die .... halten. (*Regel*)

14. Ich habe vor dir keine .... (*Geheimnis*)

15. Viele .... möchten noch mehr dazulernen. (*Hobbyköchin*)

16. Es lagen viele .... auf den Tischen. (*Zettel*)

17. Über welche .... schreibst du am liebsten? (*Thema*)

18. In einem Tümpel leben viele kleine .... (*Organismus*)

19. Er warf alle seine .... über Bord. (*Prinzip*)

20. Die .... sind in verschiedenen Gebäuden untergebracht. (*Ministerium*)

21. Viele Krankheiten können durch .... ausgelöst werden. (*Virus*)

22. Ich esse lieber .... als Reis. (*Kartoffel*)

23. Prominente steigen in teuren .... ab. (*Hotel*)

24. Mein Bruder hat viele .... (*Hobby*)

25. Mehrere .... stehen auf der Baustelle. (*Kran*)

73 **Setze in folgenden Sätzen die zur Bedeutung passende Pluralform des Nomens ein.**

1. Die Lehrerin schreibt die schwierigen .... an die Tafel. (*das Wort*)

2. Der Chef fand anerkennende .... für unsere Arbeit. (*das Wort*)

3. Die .... haben am Wochenende geschlossen. (*die Bank*)

4. Neben den Spazierwegen stehen .... zum Ausruhen. (*die Bank*)

5. Die .... warteten vor dem Schultor auf ihre Kinder. (*die Mutter*)

6. Die .... müssen festgeschraubt werden. (*die Mutter*)

7. Die .... zum Thema Umwelt stehen in diesem Regal. (*der Band*)

8. Bunte .... dienen als Raumschmuck. (*das Band*)

9. Große .... machen auf die Gefahren aufmerksam. (*das Schild*)

10. Zur Kampfausrüstung der Ritter gehören auch die .... (*der Schild*)

74 **Stoffnamen und Sammelnamen verwendet man nur im Singular. Handelt es sich jedoch um Einzeldinge und Einzelerscheinungen, kommt der Plural (auch in Form von Zusammensetzungen, zB -sorten) zum Einsatz. Zeig das anhand folgender Beispiele.**

Beispiel: Der Bauer holt **Gras** für seine Rinder. (Sammelname) ►
Auf der Wiese wachsen die verschiedensten Gräser. (einzelne Pflanzen)

1. **Gemüse** ist gesund. – Auf dem Markt werden viele .... angeboten.

2. Der alte Krug ist aus **Ton**. – Die Töpferin verwendet verschiedene ....

3. Er trinkt lieber **Wein** als Bier. – Österreichs .... haben hohe Qualität.

4. Im Sommer wird viel **Bier** getrunken. – Der Supermarkt bietet verschiedene .... an.

5. **Papier** ist geduldig. – Sie hat ihre wichtigen .... in einem Ordner aufbewahrt.

6. **Rot** ist meine Lieblingsfarbe. – Der Maler verwendete verschiedene ....

7. Viele Haushalte heizen mit **Gas**. – Giftige .... entstehen beim Verbrennen von Müll.

8. Man sollte beim Kochen nicht zu viel **Fett** verwenden. – Es gibt auch gesunde ....

9. Ich liebe **Schokolade**. In diesem Geschäft gibt es eine Auswahl der besten ....

(C) DIE FÄLLE DER NOMEN

1 Mit der **Frageprobe** erkennst du die Fälle der Nomen am sichersten:

Kinder essen gerne Pizza.	(Frageprobe:) **Wer?**	▶ **1. Fall** (Nominativ)
Mutters Pizzen sind ausgezeichnet.	(Frageprobe:) **Wessen?**	▶ **2. Fall** (Genitiv)
Den Kindern schmeckt die Pizza.	(Frageprobe:) **Wem?**	▶ **3. Fall** (Dativ)
Sie essen auch gerne *Eis*.	(Frageprobe:) **Wen?/Was?**	▶ **4. Fall** (Akkusativ)

2 Mit der **Ersatzprobe** kannst du **Dativ** und **Akkusativ** unterscheiden:

*Vater schenkt **Lisa** ein neues Handy.*   *Lisa ruft **ihre Freundin** an.*

mir, dir   **mich, dich**

Dativ   Akkusativ

3 Genitiv und Dativ haben bei **weiblichen Nomen** die gleiche Form und den gleichen Begleiter. Die **Ersatzprobe** mit einem männlichen oder sächlichen Nomen hilft dir, **Genitiv** und **Dativ** eindeutig zu erkennen:

*innerhalb **der** Grenze*   *auf **der** Bank*
***des** Hauses*   ***dem** Sessel*

Genitiv   Dativ

4 In der **Einzahl** sind die weiblichen Nomen (Feminina) endungslos. **Bei den männlichen Nomen** (Maskulina) und **sächlichen Nomen** (Neutra) **gibt es in der Einzahl Endungen:**

- **s-Genitiv** bei allen sächlichen und vielen männlichen Nomen: *des Tag(e)s, des Hauses, des Busses, des Erlebnisses* (Dativ und Akkusativ Singular sind endungslos!)

- **(e)n-Genitiv** bei vielen männlichen Nomen: *des Menschen, des Buben, des Herrn, des Planeten* ... (Auch im **Dativ und Akkusativ** Endung auf -**(e)n**!)

- **(e)ns-Genitiv** bei nur wenigen Nomen: *des Glaubens, des Herzens, des Friedens, des Gedankens* ... (**Dativ und Akkusativ** enden auf -**(e)n**!)

- **Keine Genitivendung** gibt es bei vielen männlichen und sächlichen Fremdwörtern auf -**os, -us** und -**ismus**: *des Kosmos, des Luxus, des Optimismus* ...

5 Nomen, die im **Nominativ Plural auf -e, -er, -el enden**, haben im **Dativ Plural** die Endung -**(e)n**:

auf den Bergen, in den Tälern, mit den Stiefeln

75 ## Bestimme die Fälle der fett gedruckten Nomen mit ihren Begleitern. Verwende die Frageprobe.

Beispiel: Ich helfe **meinem Freund** bei der Hausübung. ▶ **Wem helfe ich? ▶ 3. Fall (Dativ)**

1. Ich erkläre ihm **die Prozentrechnung.** ▶ ....

2. Für meinen Freund sind **Prozentrechnungen** ein Problem. ▶ ....

3. Dafür schreibt er **hervorragende Aufsätze.** ▶ ....

4. Von seinen Texten ist **unsere Lehrerin** begeistert. ▶ ....

5. Die Ideen **meines Freundes** sind unübertroffen. ▶ ....

6. Nächstes Jahr bekommen wir **neue Lehrerinnen.** ▶ ....

7. **Vielen Schülern und Schülerinnen** fällt der Abschied schwer. ▶ ....

8. **Neue Herausforderungen** werden auf uns zukommen. ▶ ....

9. Das Ende **des Schuljahrs** naht. ▶ ....

10. Für viele Schüler und Schülerinnen sind **die Ferien** immer zu kurz. ▶ ....

76 **Dativ oder Akkusativ? Welcher Fall trifft bei den fett gedruckten Nomen zu? Verwende zur sicheren Bestimmung die Ersatzprobe!**

Beispiel: Die Nachbarin streichelt **ihre Katze**. ▶ (Sie streichelt) **mich/dich.** (4. Fall/Akkusativ)

1. Der Nachbar ruft **seinen Hund**. ▶ ....

2. **Meinen Eltern** gefällt Nachbars Hund nicht. ▶ ....

3. Zum Geburtstag schreibe ich **Großvater** einen Brief. ▶ ....

4. Pia hilft **Mutter** beim Kochen. ▶ ....

5. **Großmutter** geht es derzeit nicht gut. ▶ ....

6. Wir verschieben **das Training** auf nächste Woche. ▶ ....

7. Der Umbau kostet **Herrn Müller** ein Vermögen. ▶ ....

8. **Vielen Menschen** fehlt es am Verständnis für Kunst. ▶ ....

9. Wir halten **diese Anschuldigung** für unberechtigt. ▶ ....

10. Die Lehrerin traut **Philipp** jeden Schabernack zu. ▶ ....

11. Mit **Geduld** schafft man auch schwierige Aufgaben. ▶ ....

12. Wir möchten uns auf **die Zusage** verlassen können. ▶ ....

13. Erzähle mir etwas von **der Reise**! ▶ ....

14. Bei der letzten Frage geht es um **die Wurst**. ▶ ....

77 **Nominativ oder Akkusativ? Welcher Fall trifft bei den fett gedruckten Nomen zu? Verwende die Ersatzprobe und die Frageprobe.**

Beispiel: **Eis** essen Kinder immer gerne. ▶ Wen?/Was?/mich/dich (4. Fall/Akkusativ)
Den ersten Preis bekommt **Lea**. ▶ Wer?/Was? (1. Fall/Nominativ)

1. Niemand kennt **die Frau**. ▶ ....

2. Alles haben **die Kinder** allein organisiert. ▶ ....

3. **Tiere** haben einen guten Instinkt. ▶ ....

4. Meine besten Freunde sind **Bücher**. ▶ ....

5. **Die Begrüßung** wird die Bürgermeisterin übernehmen. ▶ ....

6. Es wird **ein Büfett** geben. ▶ ....

7. Es wird auch **eine Tombola** veranstaltet. ▶ ....

8. **Wertvolle Preise** werden verlost. ▶ ....

9. Mit den Angeboten sind **die Kundinnen** sehr zufrieden. ▶ ....

10. **Obstbäume** pflanzt man am besten im Herbst. ▶ ....

11. **Rosen** gedeihen vor allem auf sonnigen Plätzen. ▶ ....

12. Auf vielen Spielplätzen lauern **Gefahren**. ▶ ....

13. Gestern gab es bei uns **eine Sonnenfinsternis**. ▶ ....

14. **Bücher** regen viele Leserinnen zum Nachdenken an. ▶ ....

78 **Genitiv oder Dativ? Bestimme den Fall der fett gedruckten weiblichen Nomen. Verwende dazu die Ersatzprobe mit den angegebenen männlichen oder sächlichen Nomen.**

Beispiel: Mittels **einer Zange** lässt sich der Verschluss öffnen. (der Hammer) ▶
Mittels eines Hammers ... (2. Fall/Genitiv)
Mit **einer Feile** wird die Scharte ausgebessert. (der Hobel) ▶
Mit einem Hobel ... (3. Fall/Dativ)

1. Trotz **der Krankheit** kam er zur Feier. (*das Handicap*) ....

2. Unterhalb **der Straße** verläuft die Grenze. (*der Weg*) ....

3. In **dieser Stunde** passiert etwas. (*der Augenblick*) ....

4. Aufgrund **ihrer Einflussnahme** klappte es. (*der Einfluss*) ....

5. Außer **der Lehrerin** wusste niemand etwas. (*der Lehrer*) ....

6. Wegen **der Unterbrechung** gab es Proteste. (*der Einspruch*) ....

7. Aus **reiner Gefälligkeit** machten wir mit. (*das Entgegenkommen*) ....

8. Der Staatsanwalt beschuldigte sie **der Unredlichkeit**. (*der Diebstahl*) ....

9. Der Einbrecher bemächtigte sich **der Kassa**. (*das Geld*) ....

10. Kraft **seiner Autorität** setzte er dem Spuk ein Ende. (*das Ansehen*) ....

79 **Setze die eingeklammerten Nomen in der richtigen Genitivform ein.**

1. der Fahrer des (*Bus*) ....
2. die Spur des (*Bär*) ....
3. der Tag des (*Begräbnis*) ....
4. die Länge des (*Radius*) ....
5. Gefahren des (*Alkoholismus*) ....
6. Insassen des (*Gefängnis*) ....
7. das Auto des (*Direktor*) ....
8. der Schweif des (*Komet*) ....
9. das Leben eines (*Mensch*) ....
10. die Haltung eines (*Optimist*) ....
11. die Mutter des (*Baby*) ....
12. Inhalte unseres (*Glaube*) ....
13. die Rede des (*Jubilar*) ....
14. eine Sache des (*Herz*) ....

80 **Füge an die fett gedruckten Nomen die richtigen Kasusendungen an.**

1. Der Leiter unseres **Chor**......... plant einen Konzertabend.

2. Die Ärztin erklärte dem **Patient**......... die bevorstehende Operation.

3. Eines **Morgen**......... kam ein überraschender Anruf.

4. Mit einem **Narr**......... möchte niemand ernsthaft diskutieren.

5. Die Ursachen seines hohen **Profit**......... verschweigt er nicht.

6. Unser Beitrag kommt von **Herz**......... .

7. Wir werden einen **Polizist**......... um Auskunft fragen.

8. Am Ende eines **Satz**......... steht ein Satzschlusszeichen.

9. **Paul**......... Geburtstag ist im August.

10. Das hier ist **Max**......... Zimmer.

11. Wer ist der Besitzer oder die Besitzerin dieses **Fotoapparat**.........?

12. Die Bergrettung barg einen **Tourist**......... in unwegsamem Gelände.

13. Während des Konzerts beobachteten wir den **Dirigent**......... .

14. Paul lernt mit einem **Student**......... .

81 **Setze die in Klammern angegebenen Nomen in der richtigen Form des Dativs Plural ein.**

Beispiel: Mit beiden (*Hand* ▶) **Händen** hielt er sich fest.

1. Die Lehrerin plant mit ihren (*Schüler* ▶) .... eine Exkursion.

2. Ich höre gerne den (*Vögel* ▶) .... beim Singen zu.

3. Die Malerin hatte mit ihren (*Bild* ▶) .... großen Erfolg.

4. Die Menschen kamen aus den (*Haus* ▶) .... und staunten.

5. In unseren (*Wald* ▶) .... findet man Beeren und Pilze.

6. Die Verletzten wurden in den umliegenden (*Spital* ▶) .... untergebracht.

7. In den (*Tal* ▶) .... war dichter Nebel.

8. Ich helfe meinen (*Schwester* ▶) .... beim Aufräumen.

9. Den (*Einbrecher* ▶) .... wurde das Handwerk gelegt.

10. In vielen (*Land* ▶) .... gibt es Not und Elend.

11. Wer hat Angst vor (*Gespenst* ▶) .... ?

12. In alten (*Kloster* ▶) .... entstanden viele Kunstwerke.

13. Man kann viel aus (*Buch* ▶) .... lernen.

14. Das Haus ist aus (*Ziegel* ▶) .... gebaut.

15. In den (*Keller* ▶) .... der Häuser liegt viel Gerümpel.

Pronomen, Artikel und ähnlich gebrauchte Wörter

(A) Arten von Pronomen, Artikeln und ähnlich gebrauchten Wörtern

Zur Erinnerung ein kurzer Überblick:

bestimmter Artikel *der, die, das*	unbestimmter Artikel *ein, eine, ein*	Personalpronomen (persönliches Fürwort) *ich, du, er/sie/es* *wir, ihr, sie*
Reflexivpronomen (rückbezügliches Fürwort) *mir/mich, dir/dich, sich* *uns, euch, sich*	Demonstrativpronomen (hinweisendes Fürwort) *dieser, jener, derjenige, derselbe,* *solcher, der (betont) …*	Possessivpronomen (besitzanzeigendes Fürwort) *mein, dein, sein/ihr/sein* *unser, euer, ihr*
Relativpronomen (bezügliches Fürwort) *der, die, das* *welcher, welche, welches* *wer, was*	Interrogativpronomen (Fragefürwort) *Wer? Was?* *Welcher/Welche/Welches …?* *Was für ein(e) …?*	Frageadverb und Relativadverb *Wo? Wohin? Woher? Wann? Wie?* *Weshalb? Warum?*

Indefinitpronomen (unbestimmtes Fürwort): *jeder, jedermann, keiner, alle, niemand, man, jemand, etwas, einige, manche, etliche, mehrere, sämtliche, nichts, genug, irgendwelche, irgendwer, der eine/der andere …*

indefinites Zahladjektiv (unbestimmtes Zahlwort): *einzelne, unzählige, viele, wenige, zahlreiche, zahllose, verschiedene, einzige, übrige, sonstige …*

Pronominaladverb: *daran, darauf, dadurch, damit, dafür, darüber, dazu, darum; hiebei, hierauf, hiedurch, hiermit, hiezu, hievon, hierin; woran, worauf, wodurch, womit, wofür, worüber, wozu …*

---

82 **Bestimme die Art der unterstrichenen Pronomen, Artikel und ähnlich gebrauchten Wörter.**

1. <u>Was</u> ist los mit dir? ....

2. <u>Dieses</u> Verhalten macht mich traurig. ....

3. Du hast <u>keinen</u> Grund, mir böse zu sein. ....

4. Plötzlich soll <u>unsere</u> Freundschaft auf dem Spiel stehen? ....

5. Sprechen wir <u>uns</u> doch aus! ....

6. Habe ich <u>etwas</u> falsch gemacht? ....

7. <u>Warum</u> bist du mir böse? ....

8. <u>Wann</u> habe <u>ich</u> dich beleidigt? ....

9. <u>Wir</u> waren doch immer gute Freunde! ....

10. Ein Missverständnis, <u>das</u> sich klären lässt, ist kein Problem. ....

11. <u>Es</u> ist viel besser, sofort <u>alles</u> zu klären. ....

12. <u>Jene</u> Leute, <u>die</u> stur bleiben, haben es schwer. ....

13. <u>Solche</u>, die auf <u>andere</u> zugehen, haben es viel leichter. ....

---

14. <u>Eine</u> gute Idee wäre <u>es</u>, am Sonntag eine Radtour zu machen. ....

15. <u>Das</u> würde <u>uns</u> auf andere Gedanken bringen. ....

16. <u>Welchen</u> Vorschlag hast du? ....

17. Alles, <u>was</u> lustig ist, machen wir. ....

18. Unsere Freunde würden <u>sich</u> auch <u>dafür</u> interessieren. ....

19. <u>Sie</u> würden <u>sich</u> bestimmt freuen. ....

20. Mit <u>ihren</u> lustigen Ideen hatten wir immer viel Spaß. ....

21. <u>Einige</u> wissen immer etwas, <u>worüber</u> <u>man</u> lachen kann. ....

22. <u>Einige</u> sind ernsthaft und zurückhaltend. ....

23. Paul meint, <u>er</u> fühle <u>sich</u> in unserer Gruppe besonders wohl. ....

24. <u>Seine</u> Freundin kommt oft mit, <u>woran</u> wir uns gewöhnen müssen. ....

25. <u>Sie</u> kommt immer mit dem Fahrrad <u>ihrer</u> Schwester. ....

26. <u>Dieses</u> Fahrrad ist besondes leicht zu fahren. ....

27. Felix ist <u>derjenige</u>, <u>welcher</u> das beste Fahrrad hat. ....

28. <u>Dabei</u> fahren <u>alle</u> schneller als er. ....

29. Wir wundern <u>uns</u> oft, wie <u>das</u> nur sein kann. ....

83 **Unterstreiche in folgenden Sätzen die Pronomen, Artikel und ähnlich gebrauchten Wörter und bestimme sie auch.**

1. Jemand hat sich nach dir erkundigt. ....

2. Wessen Schrift ist das? ....

3. Deine Sorgen möchte ich auch haben! ....

4. Derjenige, der zuerst fertig ist, hilft seinem Nachbarn oder seiner Nachbarin. ....

5. Der Trainer hat uns für das Spiel gut vorbereitet. ....

6. Wer hat ihn noch gesehen, unseren alten Kater? ....

7. Dieses Wetter macht viele Menschen krank. ....

8. Ich wünsche mir zum Geburtstag eine große Party. ....

9. Man überlegte lange, was wohl für alle das Beste wäre. ....

10. Gehört er auch zu jenen Leuten, deren Uhr immer falsch geht? ....

11. Wem ist es zuzumuten, solche Strapazen auf sich zu nehmen? ....

12. Was ich nicht weiß, macht mich nicht heiß. ....

13. Er wollte wissen, in welcher Straße ich wohne. ....

14. Wann beginnt ihr mit eurer Präsentation? ....

(B) DIE FÄLLE DER PRONOMEN

1 Das **Personalpronomen** zeigt in den einzelnen Fällen sehr unterschiedliche Formen. **Beachte** vor allem die **Dativ- und Akkusativformen im Singular:**

ihm = **Dativ** von *er/es* (3. Pers. Maskulinum/Neutrum Singular)   entspricht *mir/dir*
ihn = **Akkusativ** von *er* (3. Pers. Maskulinum Singular)   entspricht *mich/dich*

2 Endung *-(e)m* im **Dativ Singular Maskulinum/Neutrum** und Endung *-(e)n* im **Akkusativ Singular Maskulinum:**

Dativ: *mit dem/einem/diesem/meinem/welchem/keinem Freund* (Maskulinum)*/Kind* (Neutrum)
Mit wem?   **Beachte Ersatzprobe:** *mit mir/dir*

Akkusativ: *für den/einen/diesen/meinen/welchen/keinen Lehrer* (Maskulinum)
Für wen?   **Beachte Ersatzprobe:** *für mich/dich*

3 Das **Reflexivpronomen** hat in der **1. und 2. Person Singular** sowohl eine **Dativ- als auch eine Akkusativform:**

Dativ: *Ich überlege **mir** alles gut.*   *Du überlegst **dir** alles gut.*
Akkusativ: *Ich erkundige **mich** vorher.*   *Du erkundigst **dich** vorher.*

Das Reflexivpronomen *sich* steht sowohl für den Dativ als auch für den Akkusativ der dritten Person Singular und Plural.

84 **Bestimme in folgenden Sätzen Person (mit Geschlecht), Zahl und Fall der unterstrichenen Personalpronomen. Wie heißt jeweils der erste Fall?**

Beispiel: Vater hat <u>ihn</u> gesehen. = **3. Person (Maskulinum/männlich) Singular, Akkusativ (er)**
<u>Mir</u> ist es egal. = **1. Person Singular, Dativ (ich)**

1. Man hat <u>euch</u> vergessen. ....

2. Paul sagte, <u>ihm</u> sei alles recht. ....

3. So etwas ist <u>uns</u> noch nie passiert! ....

4. So etwas ist <u>deiner</u> nicht würdig. ....

5. <u>Mich</u> hat der Lärm sehr gestört. ....

6. Alle wünschen <u>dir</u> das Beste. ....

7. Eine Lehrerin begleitete <u>uns</u> ins Stadion. ....

8. Ich kenne <u>sie</u>, die Schüler und Schülerinnen der dritten Klasse. ....

9. Vater machte <u>mir</u> ein verlockendes Angebot. ....

10. Weil Lea nicht kam, habe ich <u>ihr</u> ein Mail geschickt. ....

11. Alle möchten <u>dich</u> sehen. ....

12. Wenn Pia weint, hört man <u>sie</u> im ganzen Haus. ....

13. Ich verrate <u>euch</u> jetzt ein Geheimnis. ....

14. Niemand möchte <u>ihnen</u> begegnen, diesen Rowdys. ....

15. Er sagt, <u>ihn</u> habe eine Fliege belästigt. ....

16. Sie klagt, <u>ihr</u> sei alles zu viel. ....

17. Ein Bus wird <u>euch</u> abholen. ....

18. Die Leute sagten, man hätte <u>sie</u> falsch informiert. ....

85 *Ihm* oder *ihn*? Setze die richtige Form ein. Füge in Klammern zur Bestätigung deiner Entscheidung den entsprechenden Fall von *ich* oder *du* hinzu.

Beispiel: Seine Schwester hilft **ihm** bei der Hausübung. (**mir**)

1. Das schlechte Gewissen plagt .... schon länger.   (...........................)

2. Es kostet .... Überwindung, sich zu entschuldigen.   (...........................)

3. Man hat .... schon längere Zeit nicht mehr bei uns gesehen.   (...........................)

4. Viele vermissen .... dennoch.   (...........................)

5. Man wird .... ein wenig entgegenkommen müssen.   (...........................)

6. Für .... ist es hart, so isoliert zu sein.   (...........................)

7. Man wird .... gerne verzeihen.   (...........................)

8. Das aber liegt letztlich an ....   (...........................)

9. Vielleicht rufe ich .... doch einmal an.   (...........................)

10. Ich möchte .... ein wenig helfen.   (...........................)

11. Ich mag .... ja immer noch sehr.   (...........................)

86 Setze die richtige Form des Reflexivpronomens ein und bestimme seinen Fall. Mache die Ersatzprobe, wenn du unschlüssig bist.

Beispiel: Schämst du **dich** nicht?   (**Akkusativ**)
Wir kennen **uns** nicht aus.   (Ersatzprobe: **Ich kenne mich nicht aus.** ► Akkusativ)

1. Ich fürchte .... vor einem Gewitter.   (...........................)

2. Hast du .... alles gut überlegt?   (...........................)

3. Ärgerst du .... noch sehr über mich?   (...........................)

4. Niemand macht .... Gedanken über das Ergebnis.   (...........................)

5. Ich erinnere .... gerne an das Schulfest.   (...........................)

6. Ihr stellt .... ungeschickt an.   (...........................)

7. Du stellst .... das zu einfach vor.   (...........................)

8. Wir beeilten .... sehr.   (...........................)

9. Ich nehme .... für Hausübungen viel Zeit.   (...........................)

10. Leo benimmt .... wieder einmal daneben.   (...........................)

87 **Dativ oder Akkusativ, -(e)m oder -(e)n? Setze die richtige Endung ein und bestimme die Art der Pronomen.**

1. Man hörte kein...... Laut. (...)

2. Mit ein...... guten Fernglas kannst du die Murmeltiere beobachten. (...)

3. Welch...... Weg sollen wir einschlagen? (...)

4. Mit dein...... Vorschlag bin ich einverstanden. (...)

5. Schenke dies...... Typ keine Beachtung! (...)

6. Ohne sein...... Hund geht Herr Müller nicht aus dem Haus. (...)

7. We...... hast du gestern nach der Schule angerufen? (...)

8. Jed...... Besucher und jeder Besucherin wird ein Geschenk überreicht. (...)

9. Das Haus, in welch...... ich wohnen möchte, muss einen Garten haben. (...)

10. Bei starkem Fieber rufe ich de...... Notarzt. (...)

11. Ich weiß nicht, we...... ich überhaupt vertrauen soll. (...)

12. Ich habe niemand...... gefunden. (...)

13. Welch...... Berg sollen wir diesmal besteigen? (...)

14. Hast du jemand...... deine Adresse gegeben? (...)

15. Manch...... Schüler tut ein Schulwechsel gut. (...)

16. Ein...... solchen Unsinn habe ich noch nie gehört. (...)

17. Hast du einen Menschen, de...... du wirklich vertrauen kannst? (...)

18. Hast du von unser...... Freund etwas gehört? (...)

19. Ich gebe de......, der als Erster kommt, den Gutschein. (...)

20. Mit einig...... Geschick können wir die Aufgabe lösen. (...)

21. Von we...... wurde dieses spannende Buch geschrieben? (...)

22. Vor de...... Turnsaal warten einige Schüler. (...)

23. Ohne dies...... Tipp hätten wir uns noch länger plagen müssen. (...)

24. Mit mein...... Computer habe ich kaum Probleme. (...)

25. Gibt es jemand......, der dieses Rätsel lösen kann? (...)

26. Mit einig...... guten Willen wird sie den Konflikt beilegen. (...)

88 Setze die in Klammern angegebenen Pronomen im richtigen Fall ein. Gib auch den Fall der Pronomen an.

1. Ich möchte (*du*) .... morgen besuchen. (.....................................)

2. Kannst du mir sagen, (*wer*) .... Platz das hier ist? (.....................................)

3. Lisa schickte (*jeder*) .... eine schöne Karte. (.....................................)

4. (*Mein*) .... Erachtens ist das Ergebnis richtig. (.....................................)

5. Die Firma wird (*jemand*) .... vorbeischicken. (.....................................)

6. Ein genügsamer Mensch ist mit (*wenig*) .... zufrieden. (.....................................)

7. Er sagt, ich hätte (*er*) .... viel zu verdanken. (.....................................)

8. Die Lehrerin sagt, (*wer*) .... sie verdächtigt. (.....................................)

9. Vater war bis jetzt mit (*kein*) .... Auto zufrieden. (.....................................)

10. Mein Bruder konnte so (*manch*) .... Erfolg verbuchen. (.....................................)

11. Großmutter brachte (*wir*) .... Süßigkeiten. (.....................................)

12. Ich bin mir (*das*) .... bewusst, dass es ein Fehler ist. (.....................................)

13. An (*wer*) .... denkst du im Augenblick? (.....................................)

14. Das ist die Katze, mit (*die*) .... du gerne spielst. (.....................................)

15. Das ist der Hund, mit (*der*) .... Paul immer spazieren geht. (.....................................)

16. Das sind die Kinder, mit (*das*) .... ich viel spiele. (.....................................)

17. Sag (*ich*) ...., wo du wohnst! (.....................................)

18. Ohne (*du*) .... ist ein Fest langweilig. (.....................................)

19. Leo kommt nicht, weil ich (*er*) .... beleidigt habe. (.....................................)

20. Lisa war nicht da, obwohl wir (*sie*) .... eingeladen haben. (.....................................)

21. Paul weiß, dass ich (*er*) .... nicht böse bin. (.....................................)

22. Mutter will, dass ich (*sie*) .... beim Aufräumen helfe. (.....................................)

23. Die Fahrgäste sind verärgert, weil man (*sie*) .... warten lässt. (.....................................)

24. Die Leute haben Verständnis, wenn man (*sie*) .... die Gründe erklärt. (.....................................)

25. Der Sänger, auf (*der*) .... Auftritt alle schon warten, hat abgesagt. (.....................................)

26. Mit (*dieses*) .... Gesicht macht man sich keine Freunde. (.....................................)

27. (*Alle*) .... Schülern und Schülerinnen sollte die Schulordnung bekannt sein. (.....................................)

28. Die Namen (*unser*) .... Lehrer findest du im Internet. (.....................................)

29. Kennst du Pflanzen, (*die*) .... Samen giftig sind? (.....................................)

30. Herr Müller hat (*einige*) .... Leuten von dem Vorfall erzählt. (.....................................)

31. (*viel*) .... wäre mit einer kleinen Spende geholfen. (.....................................)

DURCH STARTEN

DEUTSCH
GRAMMATIK

ÜBUNGSBUCH LÖSUNGSHEFT

ALLE LERNJAHRE

5 bis 13

VER1TAS
Gemeinsam besser lernen

1

Regelmäßige Verben	Unregelmäßige Verben
erzählte, folgende, hinweinenden, fragte, sagte, zeigte, fragte, sagte, schluchzte, gehört, fragte, streichelnd, schluchzte, fragte, sagte, blickte an, lächelte, sagte	sprach, erlittenes, hineinzufressen, Vorübergehender, (hatte, hast, hat: Hilfsverb), kam, riss, sehen, (war: Hilfsverb), geschrien, kannst (Modalverb), schreien, gib her, nahm, ging

2

Infinitiv	Präteritum	Partizip II
1. laufen	(ich) lief	gelaufen
2. stehen	(ich) stand	gestanden
3. fliegen	(ich) flog	geflogen
4. vergessen	(ich) vergaß	vergessen
5. erklimmen	(ich) erklomm	erklommen
6. ziehen	(ich) zog	gezogen
7. brechen	(ich) brach	gebrochen
8. sitzen	(ich) saß	gesessen
9. heißen	(ich) hieß	geheißen
10. schlagen	(ich) schlug	geschlagen
11. gleiten	(ich) glitt	geglitten
12. zwingen	(ich) zwang	gezwungen
13. schneiden	(ich) schnitt	geschnitten
14. frieren	(ich) fror	gefroren
15. riechen	(ich) roch	gerochen
16. schweigen	(ich) schwieg	geschwiegen
17. lügen	(ich) log	gelogen
18. raten	(ich) riet	geraten
19. beginnen	(ich) begann	begonnen

3

1. nennen – genannt; **2.** dachte – gedacht; **3.** wissen – wusste; **4.** salzen – gesalzen; **5.** brachte – gebracht; **6.** rennen – rannte; **7.** sandte – gesandt; **8.** mahlen – gemahlen; **9.** spalten – spaltete

4

1. wog; **2.** schaffte; **3.** hing; **4.** erschraken; **5.** hängte; **6.** scherte; **7.** wiegte; **8.** schleifte; **9.** wendete; **10.** sendete; **11.** erschreckte; **12.** schmolz

5

1. geschoren; **2.** erschreckt; **3.** gewiegt; **4.** geschaffen; **5.** geschliffen; **6.** geschmolzen; **7.** erschrocken; **8.** geschafft; **9.** bewegt; **10.** gehangen; **11.** gewogen

6

ich habe	ich hatte	ich bin	ich war	ich werde	ich wurde
du hast	du hattest	du bist	du warst	du wirst	du wurdest
er hat	er hatte	er ist	er war	er wird	er wurde
wir haben	wir hatten	wir sind	wir waren	wir werden	wir wurden
ihr habt	ihr hattet	ihr seid	ihr wart	ihr werdet	ihr wurdet
sie haben	sie hatten	sie sind	sie waren	sie werden	sie wurden

7

1. werden; **2.** hatte; **3.** bin; **4.** gewesen; **5.** geworden; **6.** waren; **7.** sind; **8.** wirst; **9.** gehabt

8

1. hast (haben); **2.** ist (sein); **3.** wurde (werden); **4.** hatte/gehabt (haben); **5.** wird (werden); **6.** bist (sein); **7.** war/gewesen (sein); **8.** geworden (werden)

9

1. Person	2. Person	3. Person
ich warte	du weißt	**sie kommen**
wir verstehen	**ihr arbeitet**	er erwacht
ich bleibe	du übertreibst	sie schläft
wir schreien	**ihr lacht**	es regnet
		der Hund bellt
		die Schneeflocken tanzen

10

1. weiß; **2.** kommst; **3.** fahrt; **4.** hältst; **5.** liegen; **6.** stellt; **7.** erschreckst; **8.** liest; **9.** esst; **10.** pendle; **11.** erschrickt; **12.** trägst; **13.** tragt; **14.** schließt; **15.** haltet; **16.** kichere; **17.** läuft; **18.** stößt; **19.** schmilzt; **20.** fahrt; **21.** weiß; **22.** tragt; **23.** fragst; **24.** läufst; **25.** empfiehlst; **26.** hilft; **27.** betretet

11

1. Die genaue Adresse finden Sie im Internet. 2. Telefonisch erreichen Sie uns um die Mittagszeit. 3. Wissen Sie, was ich meine? 4. Sie haben für die Fahrt noch nicht bezahlt. 5. Sie bekommen noch 10 Euro von mir. 6. Wann wollen Sie mit der Arbeit beginnen? 7. Wie stellen Sie sich das vor? 8. Wollen Sie eine Pause machen? 9. Wir halten Sie auf dem Laufenden.

12

1. Vergiss nicht zu schreiben! 2. Meide alkoholische Getränke! 3. Iss nicht so hastig! 4. Lies das erste Kapitel! 5. Blättere ein wenig im neuen Biologiebuch! 6. Sei nicht so schlampig! 7. Nimm deine Zeichnungen mit! 8. Schüttle nicht den Kopf! 9. Kleb(e) die Mitteilung ins Heft! 10. Schreib(e) dir das hinter die Ohren! 11. Werde nicht nachlässig! 12. Hör(e) mir gut zu! 13. Hab(e) ein bisschen mehr Geduld! 14. Sprich mit deinen Eltern!

13

1. Antworten Sie auf meine Frage! 2. Unterschreiben Sie bitte hier! 3. Geben Sie Ihren Mantel in der Garderobe ab! 4. Lesen Sie auch das Kleingedruckte! 5. Vergessen Sie Ihre Reisepässe nicht! 6. Kommen Sie nicht zu spät! 7. Seien Sie willkommen! 8. Öffnen Sie keine unbekannten Mails! 9. Sichern Sie regelmäßig Ihre Daten!

14

1. waschen; 2. fahren; 3. springen; 4. halten; 5. verschieben; 6. fallen; 7. tun; 8. stoßen; 9. gehen; 10. sein; 11. singen; 12. wissen; 13. essen; 14. bringen

15

Richtig ist: 1. Infinitiv; 2. Infinitiv; 3. 1. Pers. Pl.; 4. 3. Pers. Pl.; 5. Infinitiv; 6. 1. Pers. Pl.; 7. Infinitiv; 8. Infinitiv; 9. Infinitiv

16

1. Das Entschlüsseln der geheimen Botschaft war sehr kompliziert. 2. Das Öffnen der Balkontür war für die Einbrecher ganz einfach. 3. Wir hörten das Schnattern der Enten. 4. Ich spürte das Beben des Bodens. 5. Wir bemerkten das Nachlassen des Windes nicht. 6. Das Abstellen von Autos ist hier nicht erlaubt. 7. Das Lösen dieser Aufgabe ist nicht einfach. 8. Dein langes Telefonieren ist teuer.

17

1. zu lachen; 2. zu schreien; 3. zum Kochen; 4. zu sagen; 5. zu schluchzen; 6. zum Werken; 7. zum Verzweifeln; 8. zu sehen; 9. zu sagen; 10. zum Weinen

18

1. teilzunehmen; 2. zu unterstützen; 3. zu widersprechen; 4. zu wiederholen; 5. anzurufen; 6. einzupacken; 7. auszuhalten; 8. zu überleben; 9. festzuhalten; 10. zurückzufahren

19

1. gefallen sein; 2. gewesen sein; 3. beachtet zu haben; 4. geschlossen zu haben; 5. vergessen haben; 6. geworden zu sein; 7. durchgelesen zu haben; 8. gesehen zu haben

20

Partizip I: 1.; 3.; 6.; 9.; 10; 12.; 13.   Partizip II: 2.; 4.; 5.; 7.; 8.; 11.; 14.

21

1. liniertes; 2. verletzend; 3. leuchtendes; 4. berührender; 5. bleibenden; 6. zündende; 7. glänzende; 8. gemachter; 9. begeistert; 10. gelebte; 11. überzeugend; 12. geschlagene; 13. gequältes; 14. schlagende

22

1. Laufenden; 2. Versprochenes; 3. Berührendes; 4. Verletzten; 5. Gereimtes; 6. Gegrilltes; 7. Gefrorenes; 8. Beeindruckendes; 9. Gefangenen; 10. Verstorbenen; 11. Delegierten; 12. Überlebenden

23

1. geantwortet; 2. operiert; 3. beachtet; 4. gewonnen; 5. probiert; 6. prophezeit; 7. verziehen; 8. studiert; 9. applaudiert; 10. erzählt; 11. zerstört; 12. rumort; 13. enttäuscht; 14. getäuscht; 15. missfallen; 16. telefoniert; 17. gewählt

24

1. davongelaufen; 2. teilgenommen; 3. widersprochen; 4. unterhalten; 5. aufgehalten; 6. mitgeschrieben; 7. losgefahren; 8. überprüft; 9. umsorgt; 10. wiederholt; 11. bloßgestellt; 12. vollendet; 13. angekommen; 14. ausgegeben

Die trennbaren zusammengesetzten Verben haben im Part. II das -ge- zwischen Grundwort und Bestimmungswort, also zwischen den beiden Wortteilen. Zum Beispiel: davongelaufen, teilgenommen, aufgehalten, mitgeschrieben, losgefahren, bloßgestellt, angekommen, ausgegeben

Die untrennbaren zusammengesetzten Verben haben im Part. II kein ge-: widersprochen, unterhalten, überprüft, umsorgt, wiederholt, vollendet

25

Vergangenes: 2., 4., 5., 8., 14., 17.   Zukünftiges: 3., 6., 9., 10., 12., 13.   Gegenwärtiges: 1., 7., 11., 15., 16.

26

Präsens: 3., 4., 6., 9., 10., 11.   Perfekt: 1., 2., 5., 7., 8., 12.

27

1. fuhr; 2. traf; 3. machten; 4. warteten; 5. kam; 6. begann; 7. wurden; 8. gab; 9. hielten, düsten

28

1. „Wer hat aus dem Becher getrunken?" 2. „Wer hat aus dem Tellerchen gegessen?" 3. „Warum hat sie Schneewittchen vergiftet?" 4. „Warum hat sie dich in einen Käfig gesperrt?" (= Frage an den Bruder); „Warum hast du ihn in einen Käfig gesperrt?" (= Frage an die Hexe) 5. „Wie hat er Dornröschen geweckt?" 6. „Von wem hat Aschenbrödel schöne Schuhe bekommen?" 7. „Hast du Kuchen und Wein in den Korb gepackt?" 8. „Wie hat der gestiefelte Kater den bösen Zauberer vernichtet?" 9. „Warum hat Hans im Glück alles verloren?" 10. „Wie hat der arme Müllerbursch die Prinzessin befreit?"

29

1. ... wird er schreiben; 2. ... wird sie fressen; 3. ... wird er lesen; 4. ... wird sie essen; 5. ... wird er nie vergessen; 6. ... werde ich aufräumen; 7. ... werde ich selten bei ihr sein; 8. ... wird er nicht spielen.

30

1. verabschiedet hatte; 2. hatten Fred richtig lieb gewonnen; 3. hatte er eine Schule in Schottland besucht; 4. gelernt hatte; 5. hatten ihn oft eingeladen; 6. interessiert hatte; 7. gewünscht hatte; 8. besucht hatte; 9. gemacht hatte

31

Präsens	Präteritum	Perfekt	Plusquamperfekt	Futur I
ihr habt	ihr hattet	ihr habt gehabt	ihr hattet gehabt	ihr werdet haben
sie sind	sie waren	sie sind gewesen	sie waren gewesen	sie werden sein
sie werden	sie wurden	sie sind geworden	sie waren geworden	sie werden werden
sie singt	sie sang	sie hat gesungen	sie hatte gesungen	sie wird singen
wir spielen	wir spielten	wir haben gespielt	wir hatten gespielt	wir werden spielen
sie schreien	sie schrien	sie haben geschrien	sie hatten geschrien	sie werden schreien
du versprichst	du versprachst	du hast versprochen	du hattest versprochen	du wirst versprechen
er kommt	er kam	er ist gekommen	er war gekommen	er wird kommen
ich vergesse	ich vergaß	ich habe vergessen	ich hatte vergessen	ich werde vergessen

32

1. erklärt (Präsens); 2. warst (Präteritum); 3. hast angerufen (Perfekt); 4. bist gegangen (Perfekt); 5. hattest verspätet (Plusquamperfekt); 6. wird aufhören (Futur I); 7. werden vergessen haben (Futur II); 8. weinte (Präteritum); 9. hatte vergessen (Plusquamperfekt); 10. war eingefallen (Plusquamperfekt); 11. versuchte zu beruhigen (Präteritum); 12. gehe einkaufen (Präsens); 13. habe gegeben (Perfekt); 14. ist eingegangen (Perfekt); 15. ergatterten (Präteritum); 16. hat (Präsens); 17. hatte (Präteritum); 18. kam (Präteritum); 19. werden aufpassen (Futur I); 20. können aufbessern (Präsens); 21. hat bekommen (Perfekt); 22. hatte gewünscht (Plusquamperfekt); 23. gab (Präteritum); 24. schauten zu (Präteritum); 25. hat gewusst (Perfekt), ist eingeschlafen (Perfekt); 26. fiel ein (Präteritum); 27. werde vorschlagen (Futur I); 28. habe gelernt (Perfekt); 29. hatte gekannt (Plusquamperfekt); 30. hat geschrieben (Perfekt); 31. werde gelesen haben (Futur II)

33

1. konnte identifizieren, hatte gebracht; 2. waren geraten, musste; 3. hatte sich versteckt, bemerkte; 4. fand, gekauft hatte; 5. konnte, hatte freigegeben; 6. rettete, hatte stecken lassen, hatte betätigt; 7. erlitt, übersehen hatte; 8. brach aus, eingeschlafen war; 9. gelang, hatten organisiert; 10. war geraten, war geprallt, erlitt, verstarb; 11. bargen, gestürzt war, hatte gefangen, drohte, stellte, eingehalten hatte; 12. überlebte, hatten gedämpft; 13. verlief, gejubelt hatte; 14. erstattet hatte, erkannte

34

1. habe; 2. lebe; 3. sei; 4. dürfe; 5. wohne; 6. solle; 7. lasse; 8. seist; 9. vergesse; 10. nehme; 11. sei; 12. müsse; 13. stehe; 14. wolle; 15. gebe

35

1. wir seien, wir haben, wir werden; 2. du seist, du habest, du werdest; 3. ich sei, ich habe, ich werde; 4. er sei, er habe, er werde; 5. sie seien, sie haben, sie werden

36

1. ich dürfe, er dürfe, sie dürfe; 2. du könnest, ich könne, es könne; 3. er möge, du mögest, wir mögen; 4. wir müssen, er müsse, ich müsse; 5. ihr sollet, ich solle, du sollest; 6. sie wollen, sie wolle, ich wolle

37

1. kämen; 2. ließe; 3. müsste; 4. hätte; 5. liefe; 6. säße; 7. dürfte; 8. brächte; 9. bliebe; 10. hieße; 11. fiele; 12. behielte; 13. hätte; 14. läge; 15. wäre; 16. mitbrächte; 17. dürfte; 18. könntest; 19. wäre; 20. würden

38

1. ich finge, er säße, sie hätte; 2. er schösse, wir zögen, du läsest; 3. sie malte, es gösse, sie wüssten; 4. wir äßen, er dürfte, es hieße; 5. du könntest, sie ließe, ich kröche; 6. ihr rechnetet, er öffnete, er begriffe; 7. wir würden, du wärst, sie dächten; 8. es regnete, er schriebe, du kämest; 9. ihr könntet, sie dürften, er sollte

39

1. Er käme gerne wieder zurück. 2. Mit diesem Vorwurf täte man dem Schüler Unrecht. 3. Bei stabilem Wetter liefe das Sportartikelgeschäft besser. 4. Wir alle fänden ein Fest als Projektabschluss toll. 5. Pia wüsste gerne mehr über Pauls Hobbys. 6. Lisa tut so, als wäre sie mit allem einverstanden. 7. Paul bliebe gerne noch länger, doch er muss zum Judotraining. 8. In diesem Aufzug ließe ich mich nicht fotografieren. 9. Ich ginge gerne wieder einmal ins Theater.

40

1. Würden wir weniger Energie verbrauchen, gäbe es weniger Naturkatastrophen. **2.** Dächten wir öfter an die Folgen, würden uns Lösungen einfallen. **3.** Wenn alles beim Alten bliebe, würde es keine Veränderungen geben. **4.** Würden die Leute mehr schwimmen gehen, gäbe es weniger Haltungsschäden. **5.** Wir wüssten mehr über die Natur, wenn wir sie aufmerksamer beobachten würden. **6.** Viele Vögel kämen nicht mehr, würden wir ihnen keinen Lebensraum lassen. **7.** Wenn die Vögel ausblieben, würden sich die Insekten rasch vermehren. (Die neue Version wirkt eleganter.)

41

1. Leo würde den Fremden sofort wieder kennen, wenn er ihm auf der Straße begegnete. **2.** An deiner Stelle würde ich mir vor dem Essen die Hände waschen. **3.** Die Erdbebenopfer würden in ihren notdürftigen Zelten erfrieren, steht in den Zeitungen. **4.** Ich würde die warme Sonne genießen, wenn ich in Italien sein könnte. **5.** Würde er nicht so viel lügen, würde man ihm glauben. **6.** An deiner Stelle würde ich einen Apfel anstatt einer Pizzaschnitte essen.

42

1. Lisa deutet an, dass sie neulich etwas Tolles erlebt habe. **2.** Er könne sich vorstellen, was es gewesen sei, meint Paul. **3.** Lisa entgegnet, dass er gar nichts wisse. So etwas habe er noch nie gesehen. **4.** Paul sagt darauf, dass er vor Neugier platze. Etwas Besonderes erlebe man nicht alle Tage. **5.** Er solle nicht immer so übertreiben. Er mache sich über sie lustig, ist Lisas Antwort. **6.** Paul lenkt ein, dass sie ihm nicht böse sein dürfe. Er mache nur ein wenig Spaß. **7.** Sie verstehe keinen Spaß, und sie werde ihm nie mehr etwas erzählen, sagt sie wütend. **8.** Das sei schade. Das tue ihm jetzt wirklich leid, sagt Paul betroffen.

43

Konjunktiv I: **1.**, **3.**, **9.**, **11.**, **12.**; Konjunktiv II: **2.**, **4.**, **5.**, **6.**, **7.**, **8.**, **10.**

44

1. nähmen/würden annehmen; **2.** hätten vor; **3.** hätten; **4.** würden bleiben; **5.** kämen; **6.** würden überschreiten; **7.** würde suchen; **8.** würden beklagen; **9.** würden verenden; **10.** fänden

45

1. begänne; **2.** wäre; **3.** würden dauern; **4.** gäbe; **5.** würden; **6.** kämen; **7.** bliebe; **8.** würden arbeiten; **9.** bekämen; **10.** erhielte

46

1. Ich wäre gern ein großer Star. **2.** Ich stünde ständig im Rampenlicht. **3.** Die Menschen würden mich um Autogramme bitten. **4.** Ich hätte viele Fans. **5.** Geld spielte keine Rolle. **6.** Ich stiege in den besten Hotels ab. **7.** Ich zöge die teuersten Kleider an. **8.** Ich würde mir tolle Autos kaufen. **9.** Ich träte häufig im Fernsehen auf. **10.** Ich würde beneidet und bewundert.

47

1. wäre; **2.** ginge; **3.** hätten; **4.** bliebe; **5.** kämest; **6.** lebtest (würdest leben); **7.** könnte; **8.** wüsste, **9.** dächtest, wäre; **10.** einfiele, schriebe/würde schreiben; **11.** Hätte; **12.** Wäre

48

	Zeitform	Konjunktiv I	Konjunktiv II
er läuft	Präsens	er laufe	er liefe
sie wird kommen	Futur I	sie werde kommen	sie würde kommen
sie blieben	Präteritum	sie seien geblieben	sie wären geblieben
du hast gesehen	Perfekt	du habest gesehen	du hättest gesehen
wir waren gegangen	Plusquamperfekt	wir seien gegangen	wir wären gegangen
sie hatte gedacht	Plusquamperfekt	sie habe gedacht	sie hätte gedacht

49

1. Der Trainer sagt, er werde ein gutes Team aufstellen. **2.** Der Tormann sagt, er werde sich sehr konzentrieren. **3.** Der Kapitän sagt, er werde von Anfang an Druck machen. **4.** Die Organisatoren sagen, sie würden für Sicherheit sorgen. **5.** Die Journalisten sagen, es werde interessante Berichte geben. **6.** Viele Fußballfans sagen, sie würden sich die Spiele im Fernsehen ansehen.

50

1. Lea sagte, sie habe die Schlussprüfung mit „Sehr gut" bestanden. **2.** Sie sagte, sie habe damit nicht gerechnet. **3.** Sie sagte, die Lehrerin sei mit ihrer Leistung sehr zufrieden gewesen. **4.** Am Vortag habe sie noch einmal alles wiederholt, sagte sie. **5.** Sie sagte, Paula sei zu ihr gekommen und habe sie abgefragt. **6.** Paula sagte, sie habe es ihr nach ihrer verpatzten Prüfung versprochen.

51

1. Unsere Schule **wird renoviert**. (Passiv) **2.** In den Ferien **werden** die Fenster **erneuert**. (Passiv) **3.** Bauarbeiter reißen die alten Fensterstöcke heraus. (Aktiv) **4.** Der Architekt plant einen neuen Turnsaal. (Aktiv) **5.** Auch die Garderoben **werden** neu **gestaltet**. (Passiv) **6.** Die Lehrer/-innen wünschen sich Internet-Anschlüsse in den Klassen. (Aktiv) **7.** Die Schüler/-innen freuen sich auf einen schönen großen Pausenraum. (Aktiv) **8.** Das Konferenzzimmer **wird vergrößert werden**. (Passiv) **9.** Neue Fußböden **sind** schon **verlegt worden**. (Passiv) **10.** Der Bürgermeister bewilligt neue Pulte. (Aktiv) **11.** PCs **wurden** bei einer Computerfirma **bestellt**. (Passiv) **12.** Viele Wünsche der Lehrer/-innen und Schüler/-innen **werden berücksichtigt**. (Passiv) **13.** Nichts **wird** dem Zufall **überlassen**. (Passiv) **14.** Die Schüler/-innen werden ihre Projekte präsentieren. (Aktiv) **15.** Sketches **werden** in der Deutschstunde **einstudiert**. (Passiv) **16.** Der Chor wird bei der Eröffnung singen. (Aktiv) **17.** Ein Büfett **wird** mit viel Liebe **vorbereitet**. (Passiv) **18.** Der Bürgermeister wird eine Ansprache halten. (Aktiv)

52

In den Lösungen sind die Subjekte unterstrichen. In den Aktivsätzen waren sie die Akkusativobjekte. Falls du eine andere Satzgliedstellung gewählt hast, sind deine Sätze auch richtig!

1. Süßigkeiten werden von den meisten Kindern gerne gegessen. **2.** Mäuse werden heute nur noch von den wenigsten Hauskatzen gefangen. **3.** Das Obst im Keller wurde von Mäusen angeknabbert. **4.** Von niemandem wurde das Jaulen des Hundes gehört. **5.** Die Türen wurden vom Busfahrer geschlossen. **6.** Die Fahrkarten werden vom Zugschaffner kontrolliert. **7.** Von einigen Touristen wird ein Taxi benötigt. **8.** Der Fahrplan wird von einer Gruppe von Wanderern studiert. **9.** Eine günstige Verbindung wird gesucht. **10.** Ein Polizist wird von einem älteren Herrn nach dem Weg gefragt. **11.** Von einem Jugendlichen wird eine Geldtasche gefunden. **12.** Der Fund wird von ihm bei der Polizei gemeldet. **13.** Von den meisten Menschen wird die Rolltreppe benutzt. **14.** Von einigen Leuten wird der Lift bevorzugt. **15.** Von den Reisenden werden schwere Koffer geschleppt. **16.** Gestern wurde von meinem Freund der Bus versäumt. **17.** Ich wurde von ihm angerufen. **18.** Er wurde dann von meiner Mutter mit dem Auto geholt. **19.** Ein kleines Segelflugzeug wurde von uns gebastelt. **20.** Uns wurde von Mutter eine gute Jause gemacht. **21.** Von Vater wurden uns einige gute Tricks gezeigt. **22.** Unser Werk wurde von meiner kleinen Schwester bewundert. **23.** Am Abend wurde mein Freund von mir zum Bus begleitet. **24.** Vom Wetterbericht wurde wieder Schönwetter gemeldet. **25.** Am nächsten Nachmittag wurde der Segelflieger (von uns) ausprobiert.

53

In den Lösungen sind die Akkusativobjekte unterstrichen. In den Passivsätzen waren sie die Subjekte. Falls du eine andere Satzgliedstellung gewählt hast, sind deine Sätze auch richtig!

1. Zwei Polizisten stoppten den Verkehrsrowdy. **2.** Den Unfall verursachte ein streunender Hund. **3.** Ein Passant beobachtete den Bankräuber. **4.** Der Geschäftsleiter übergab den Kaufhausdieb der Polizei. **5.** Man brachte das kleine Kind mit dem Hubschrauber ins Krankenhaus. **6.** Ein Unbekannter raubte eine alte Frau aus. **7.** Ein Blitz löste den Brand aus. **8.** Die Feuerwehr holte das Löschwasser aus einem Teich. **9.** Der Hochwasser führende Fluss überschwemmte viele Häuser. **10.** Die Feuerwehr pumpte die Keller aus. **11.** Die Fluten rissen die Brücke weg. **12.** Eine Mure beschädigte ein Wohnhaus. **13.** Ein umgestürzter Baum blockierte die Straße. **14.** Die Feuerwehr hob ein Auto aus dem reißenden Bach. **15.** Freiwillige Helfer brachten alte Menschen in Sicherheit. **16.** Bundesheersoldaten füllten Sandsäcke. **17.** Die Menschen entfernten viel Schlamm aus den Häusern. **18.** Verschiedene Hilfsorganisationen riefen die Bevölkerung zum Spenden auf. **19.** Soldaten bauten eine Notbrücke. **20.** Mit Baggern entfernten Bautrupps Geröll. **21.** Nach Wochen gaben die Behörden die Straße für den Verkehr frei.

54

Vorgangspassiv: **1.**, **2.**, **4.**, **6.**, **8.**, **11.**   Zustandspassiv: **3.**, **5.**, **7.**, **9.**, **10.**

55

1. V: Das Zimmer wird aufgeräumt.   Z: Das Zimmer ist aufgeräumt.
2. V: Die Möbel werden abgestaubt.   Z: Die Möbel sind abgestaubt.
3. V: Das Fenster wird geputzt.   Z: Das Fenster ist geputzt.
4. V: Unsere Sachen werden geordnet.   Z: Unsere Sachen sind geordnet.

56

1. Präsens; **2.** Präteritum; **3.** Präteritum; **4.** Präsens; **5.** Präteritum; **6.** Präsens; **7.** Präteritum

57

1. Futur I; **2.** Präsens; **3.** Präsens; **4.** Präsens; **5.** Futur I; **6.** Präsens; **7.** Futur I

58

1. Präteritum; **2.** Präteritum; **3.** Präteritum; **4.** Perfekt; **5.** Präteritum; **6.** Perfekt; **7.** Perfekt

59

1. Perfekt; **2.** Plusquamperfekt; **3.** Perfekt; **4.** Plusquamperfekt; **5.** Perfekt; **6.** Plusquamperfekt

60

1. Futur I; **2.** Futur II; **3.** Futur I; **4.** Futur II; **5.** Futur I; **6.** Futur II; **7.** Futur I; **8.** Futur I; **9.** Futur II

61

Präsens Passiv: **1.**, **3.**, **5.**, **7.**, **10.**, **12.**   Futur I Aktiv: **2.**, **4.**, **6.**, **8.**, **9.**, **11.**, **13.**, **14.**

62

1. Futur I; **2.** Perfekt; **3.** Präsens; **4.** Präteritum; **5.** Plusquamperfekt; **6.** Futur II; **7.** Futur I; **8.** Präteritum; **9.** Perfekt; **10.** Futur II; **11.** Plusquamperfekt; **12.** Präteritum; **13.** Perfekt; **14.** Präsens; **15.** Futur I; **16.** Plusquamperfekt; **17.** Perfekt; **18.** Präsens

63

1. Präsens; **2.** Präteritum; **3.** Perfekt; **4.** Futur I; **5.** Präsens; **6.** Plusquamperfekt; **7.** Präteritum; **8.** Futur II; **9.** Perfekt; **10.** Präsens

64

1. Die Leitung war unterbrochen. **2.** Das Gespräch war beendet. **3.** Das Mobiltelefon war ausgeschaltet. **4.** Die Nummer war gespeichert. **5.** Die Wohnung ist abgeschlossen gewesen. **6.** Die Alarmanlage ist eingeschaltet gewesen. **7.** Die Blumen sind versorgt gewesen. **8.** Der Fernseher ist ausgeschaltet gewesen. **9.** Der Frühstückstisch wird gedeckt sein. **10.** Die Eier werden gekocht sein. **11.** Die Brote werden gestrichen sein. **12.** Der Tee wird aufgegossen sein.

65

1. Bei der Schlossbesichtigung dürfen keine Straßenschuhe getragen werden. **2.** Beim Eingang müssen passende Pantoffeln übergezogen werden. **3.** Größere Taschen sollen an der Garderobe abgegeben werden. **4.** In den Museumsräumen dürfen keine Fotos gemacht werden. **5.** Bilder und Andenken können im Museumsshop gekauft werden. **6.** Im Büfett kann eine Kleinigkeit gegessen werden.

66

1. Die Würstel dürften bereits alle verzehrt worden sein. 2. Wurstbrote dürften noch gebracht worden sein. 3. Zu viel Salat dürfte gemacht worden sein. 4. Der Kaffee dürfte vergessen worden sein. 5. Die Tortenstücke dürften schon ausgeteilt worden sein. 6. Die Getränke dürften ausreichend gekühlt worden sein.

67

1. Das Nachbarhaus scheint verkauft worden zu sein. 2. Die Räume scheinen renoviert zu werden. 3. Der Garten scheint neu gestaltet zu werden. 4. Die Wohnungen scheinen vermietet zu werden. 5. Die Garage scheint vergrößert worden zu sein. 6. Das Dach scheint vor zehn Jahren erneuert worden zu sein. 7. Die Fenster scheinen nicht ausgewechselt zu werden.

68

weiblich	männlich	sächlich
die Birne, die Butter, die Woche, die Zwiebel, die Kartoffel, die Semmel, die Temperatur, die Trauer, die Diät, die Saison, die Tugend, die Uhr	der Atlas, der Teller, der Motor, der Korb, der Monat, der Husten, der Protest, der Polster, der Kompromiss, der Katalog, der Zirkus	das Lexikon, das Benzin, das Telefon, das Podest, das Möbel, das Radio, das Thermometer, das Klima, das Thema, das Nomen, das Gespenst, das Eis

69

1. Er (m); 2. es (s); 3. Sie (w); 4. es (s); 5. es (s); 6. Er (m); 7. Sie (w); 8. sie (w); 9. Es (s); 10. Er (m)

70

weiblich	männlich	sächlich
die Freiheit	der Sportler	das Brüderlein
die Eitelkeit	der Egoismus	das Gymnasium
die Begeisterung	der Professor	das Zeugnis
die Marmelade	der Musikant	das Blümchen
die Kinderei	der Flüchtling	das Firmament
die Garage	der Patient	das Quartett
die Lawine	der Planet	das Klima
die Melodie	der Ingenieur	das Zentrum

71

1. Die; 2. Die; 3. der; 4. Der; 5. die; 6. das; 7. die; 8. Der; 9. das; 10. Die; 11. Das; 12. das; 13. der; 14. der; 15. Der

72

1. Hindernisse; 2. Busse; 3. Schülerinnen; 4. Iltisse; 5. Muskeln; 6. Lkw(s); 7. Hebel; 8. Stiefel; 9. Villen; 10. Pantoffeln; 11. Lexika; 12. Markenalben; 13. Regeln; 14. Geheimnisse; 15. Hobbyköchinnen; 16. Zettel; 17. Themen; 18. Organismen; 19. Prinzipien; 20. Ministerien; 21. Viren; 22. Kartoffeln; 23. Hotels; 24. Hobbys; 25. Kräne

73

1. Wörter; 2. Worte; 3. Banken; 4. Bänke; 5. Mütter; 6. Muttern; 7. Bände; 8. Bänder; 9. Schilder; 10. Schilde

74

1. Gemüsesorten; 2. Tone; 3. Weine; 4. Biere; 5. Papiere; 6. Rottöne; 7. Gase; 8. Fette; 9. Schokoladen

75

1. Wen/Was? (4. Fall/Akkusativ); 2. Wer/Was? (1. Fall/Nominativ); 3. Wen/Was?(4. Fall/Akkusativ); 4. Wer? (1. Fall/Nominativ); 5. Wessen? (2. Fall/Genitiv); 6. Wen/Was? (4. Fall/Akkusativ); 7. Wem? (3. Fall/Dativ); 8. Wer/Was? (1. Fall/Nominativ); 9. Wessen? (2. Fall/Genitiv); 10. Wer/Was? (1. Fall/Nominativ)

76

mir/dir (3. Fall/Dativ): 2., 3., 4., 5., 8., 10., 11., 13.
mich/ich (4. Fall/Akkusativ): 1., 6., 7., 9., 12., 14.

77

Wer?/Was? (1. Fall/Nominativ): 2., 3., 4., 7., 8., 9., 11., 12., 14.
Wen?/Was?/mich/dich (4. Fall/Akkusativ): 1., 5., 6., 10., 13.

78

1. des Handicaps (2. Fall/Genitiv); 2. des Weges (2. Fall/Genitiv); 3. diesem Augenblick (3. Fall/Dativ); 4. ihres Einflusses (2. Fall/Genitiv); 5. dem Lehrer (3. Fall/Dativ); 6. des Einspruchs (2. Fall/Genitiv); 7. reinem Entgegenkommen (3. Fall/Dativ); 8. des Diebstahls (2. Fall/Genitiv); 9. des Geldes (2. Fall/Genitiv); 10. seines Ansehens (2. Fall/Genitiv)

79

1. Busses; 2. Bären; 3. Begräbnisses; 4. Radius; 5. Alkoholismus; 6. Gefängnisses; 7. Direktors; 8. Kometen; 9. Menschen; 10. Optimisten; 11. Babys; 12. Glaubens; 13. Jubilars; 14. Herzens

80

1. Chor(e)s; **2.** Patienten; **3.** Morgens; **4.** Narren; **5.** Profit(e)s; **6.** Herzen; **7.** Polizisten; **8.** Satzes; **9.** Pauls; **10.** Max'; **11.** Fotoapparats; **12.** Touristen; **13.** Dirigenten; **14.** Studenten

81

1. Schülern und Schülerinnen; **2.** Vögeln; **3.** Bildern; **4.** Häusern; **5.** Wäldern; **6.** Spitälern; **7.** Tälern; **8.** Schwestern; **9.** Einbrechern; **10.** Ländern; **11.** Gespenstern; **12.** Klöstern; **13.** Büchern; **14.** Ziegeln; **15.** Kellern

82

1. Interrogativpronomen; **2.** Demonstrativpronomen; **3.** Indefinitpronomen; **4.** Possessivpronomen; **5.** Reflexivpronomen; **6.** Indefinitpronomen; **7.** Frageadverb; **8.** Frageadverb, Personalpronomen; **9.** Personalpronomen; **10.** Relativpronomen; **11.** Personalpronomen, Indefinitpronomen, **12.** Demonstrativpronomen, Relativpronomen; **13.** Demonstrativpronomen, Indefinitpronomen; **14.** unbestimmter Artikel, Personalpronomen; **15.** Demonstrativpronomen, Personalpronomen; **16.** Interrogativpronomen; **17.** Relativpronomen; **18.** Reflexivpronomen, Pronominaladverb; **19.** Personalpronomen, Reflexivpronomen; **20.** Possessivpronomen; **21.** Pronominaladverb, Indefinitpronomen; **22.** Indefinitpronomen; **23.** Personalpronomen, Reflexivpronomen; **24.** Possessivpronomen, Pronominaladverb; **25.** Personalpronomen, Possessivpronomen; **26.** Demonstrativpronomen; **27.** Demonstrativpronomen, Relativpronomen; **28.** Pronominaladverb, Indefinitpronomen; **29.** Reflexivpronomen, Demonstrativpronomen

83

1. jemand (Indefinitpronomen), sich (Reflexivpronomen), dir (Personalpronomen); **2.** wessen (Interrogativpronomen), das (Demonstrativpronomen); **3.** deine (Possessivpronomen), ich (Personalpronomen); **4.** derjenige (Demonstrativpronomen), der (Relativpronomen), seinem (Possessivpronomen); **5.** der (bestimmter Artikel), uns (Personalpronomen), das (bestimmter Artikel); **6.** wer (Interrogativpronomen), ihn (Personalpronomen), unseren (Possessivpronomen); **7.** dieses (Demonstrativpronomen), viele (indefinites Zahladjektiv); **8.** ich (Personalpronomen), mir (Reflexivpronomen), eine (unbestimmter Artikel); **9.** man/alle (Indefinitpronomen), was (Interrogativpronomen), das (bestimmter Artikel); **10.** er (Personalpronomen), jenen (Demonstrativpronomen), deren (Relativpronomen); **11.** wem (Interrogativpronomen), es (Personalpronomen), solche (Demonstrativpronomen), sich (Reflexivpronomen); **12.** was (Relativpronomen), ich/mich (Personalpronomen); **13.** er/ich (Personalpronomen), welcher (Interrogativpronomen); **14.** wann (Frageadverb), ihr (Personalpronomen), eurer (Possessivpronomen)

84

1. 2. Pers. Plural, Akkusativ (ihr); **2.** 3. Pers. (mask.) Singular, Dativ (er); **3.** 1. Pers. Plural, Dativ (wir); **4.** 2. Pers. Singular, Genitiv (du); **5.** 1. Pers. Singular, Akkusativ (ich); **6.** 2. Pers. Singular, Dativ (du); **7.** 1. Pers. Plural, Akkusativ (wir); **8.** 3. Pers. Plural, Akkusativ (sie); **9.** 1. Pers. Singular, Dativ (ich); **10.** 3. Pers. (fem.) Singular, Dativ (sie); **11.** 2. Pers. Singular, Akkusativ (du); **12.** 3. Pers. (fem.) Singular, Akkusativ (sie); **13.** 2. Pers. Plural, Dativ (ihr); **14.** 3. Pers. Plural, Dativ (sie); **15.** 3. Pers. (mask.) Singular, Akkusativ (er); **16.** 3. Pers. (fem.) Singular, Dativ (sie); **17.** 2. Pers. Plural, Akkusativ (ihr); **18.** 3. Pers. Plural, Akkusativ (sie)

85

1. ihn (mich); **2.** ihn (mich); **3.** ihn (dich); **4.** ihn (dich); **5.** ihm (dir); **6.** ihn (mich); **7.** ihm (dir); **8.** ihm (mir); **9.** ihn (dich); **10.** ihm (dir); **11.** ihn (dich)

86

1. mich (Akkusativ); **2.** dir (Dativ); **3.** dich (Akkusativ); **4.** sich (Dativ: Ich mache mir Gedanken); **5.** mich (Akkusativ); **6.** euch (Akkusativ: Ich stelle mich an); **7.** dir (Dativ); **8.** uns (Akkusativ: Ich beeile mich); **9.** mir (Dativ); **10.** sich (Akkusativ: Ich benehme mich)

87

1. keinen (Akkusativ); **2.** einem (Dativ); **3.** Welchen (Akkusativ); **4.** deinem (Dativ); **5.** diesem (Dativ); **6.** seinen (Akkusativ); **7.** Wen (Akkusativ); **8.** Jedem (Dativ); **9.** welchem (Dativ); **10.** den (Akkusativ); **11.** wem (Dativ); **12.** niemanden (Akkusativ); **13.** Welchen (Akkusativ); **14.** jemandem (Dativ); **15.** Manchem (Dativ); **16.** Einen (Akkusativ); **17.** dem (Dativ); **18.** unserem (Dativ); **19.** dem (Dativ); **20.** einigem (Dativ); **21.** wem (Dativ); **22.** dem (Dativ); **23.** diesen (Akkusativ); **24.** meinem (Dativ); **25.** jemanden (Akkusativ); **26.** einigem (Dativ)

bestimmter Artikel: 10., 22.   unbestimmter Artikel: 2., 16.   Possessivpronomen: 4., 6., 18., 24.   Demonstrativpronomen: 5., 19., 23.
Interrogativpronomen: 3., 7., 11., 13., 21.   Relativpronomen: 9., 17.   Indefinitpronomen: 1., 8., 12., 14., 15., 20., 25., 26.

88

1. dich (Akkusativ); **2.** wessen (Genitiv); **3.** jedem/jeder (Dativ); **4.** Meines (Genitiv); **5.** jemanden (Akkusativ); **6.** wenig(em) (Dativ); **7.** ihm (Dativ); **8.** wen (Akkusativ); **9.** keinem (Dativ); **10.** manchen (Akkusativ); **11.** uns (Dativ); **12.** dessen (Genitiv); **13.** wen (Akkusativ); **14.** der (Dativ); **15.** dem (Dativ); **16.** denen (Dativ); **17.** mir (Dativ); **18.** dich (Akkusativ); **19.** ihn (Akkusativ); **20.** sie (Akkusativ); **21.** ihm (Dativ); **22.** ihr (Dativ); **23.** sie (Akkusativ); **24.** ihnen (Dativ); **25.** dessen (Genitiv); **26.** diesem (Dativ); **27.** Allen (Dativ); **28.** unserer (Genitiv); **29.** deren (Genitiv); **30.** einigen (Dativ); **31.** Vielen (Dativ)

89

1. Wie geht es Ihnen? **2.** Wie geht es Ihren Eltern? **3.** Kennen Sie meinen Bruder? **4.** Darf ich bei Ihnen einmal vorbeikommen? **5.** Ich hätte mit Ihnen etwas zu besprechen. **6.** Sind Sie mit Ihrem PC zufrieden? **7.** Ihre Entscheidung hat mich überrascht. **8.** Hat es Ihrerseits besondere Vorkommnisse gegeben? **9.** Haben Sie Ihre Zimmerschlüssel abgegeben? **10.** Wir werden Sie über die Kosten informieren. **11.** Sie haben Ihre Bücher schon bekommen.

90

1. Bleiben Sie auf Ihren Plätzen! **2.** Kommen Sie, wenn Sie aufgerufen werden! **3.** Bringen Sie ein Passbild mit! **4.** Unterschreiben Sie Ihren Antrag! **5.** Seien Sie unbesorgt! **6.** Kommen Sie bald wieder! **7.** Teilen Sie uns Ihre neue Adresse mit! **8.** Haben Sie keine Scheu, Fragen zu stellen. **9.** Senden Sie Ihren Antrag an folgende Adresse! **10.** Seien Sie bitte nicht ungehalten!

91

1. einen Glückstag, einem Quiz, einen Gutschein, eine Reise, Der/Das Quiz, die Reise, Der Glückstag
2. einem Bus, eine Tasche, einem höheren Geldbetrag, Die Tasche, dem Geldbetrag
3. Ein Mann, einen Hund, dem Hund, einer Frau, der/den Hund, der Mann, den Hund, eine andere Frau
4. Eine Radfahrerin, einem PKW, des PKWs, Die Radfahrerin

92

1. ein Kind; **2.** eine Nuss; **3.** Ein Buch ist …; **4.** eine Farbkreide; **5.** einen Teppich; **6.** einem Kürbis, ein gutes Gericht; **7.** einen starken Mann; **8.** einer Puppe; **9.** … ist noch ein Platz

93

Jene Wörter, auf die sich die Adjektive beziehen, sind eingeklammert: **1.** attributiv (Nuss); **2.** adverbial (arbeite); **3.** prädikativ (Rechnung); **4.** attributiv (Tipp); **5.** prädikativ (er); **6.** adverbial (schwach); **7.** nominal; **8.** prädikativ (das); **9.** adverbial (erklärt); **10.** nominal; **11.** prädikativ (ich); **12.** nominal; **13.** adverbial (konzentrieren); **14.** attributiv (Schularbeit); **15.** adverbial (verrechnete); **16.** adverbial (bemerkte); **17.** attributiv (Flüchtigkeitsfehler); **18.** prädikativ (ich); **19.** adverbial (kommt vor); **20.** adverbial (nach einer Schularbeit)

94

1. Ähnliches; **2.** Ersten, Letzten; **3.** Neue; **4.** Bekannten; **5.** Beste; **6.** Böses; **7.** Gelb; **8.** Kürzeren; **9.** Lieben; **10.** Allgemeinen; **11.** Schlimmeres

95

1. attributiv; **2.** nominal; **3.** adverbial; **4.** attributiv; **5.** adverbial; **6.** attributiv; **7.** adverbial; **8.** nominal; **9.** adverbial; **10.** nominal

96

der starke Regen	ein starker Regen	starker Regen
des starken Regens	eines starken Regens	starken Regens
dem starken Regen	einem starken Regen	starkem Regen
den starken Regen	einen starken Regen	starken Regen
die klirrende Kälte	eine klirrende Kälte	klirrende Kälte
der klirrenden Kälte	einer klirrenden Kälte	klirrender Kälte
der klirrenden Kälte	einer klirrenden Kälte	klirrender Kälte
die klirrende Kälte	eine klirrende Kälte	klirrende Kälte
das dicke Eis	ein dickes Eis	dickes Eis
des dicken Eises	eines dicken Eises	dicken Eises
dem dicken Eis	einem dicken Eis	dickem Eis
das dicke Eis	ein dickes Eis	dickes Eis

97

1. dichter (stark); **2.** neuen (schwach); **3.** ersten (schwach); **4.** entgegenkommendes (stark); **5.** großes (stark); **6.** linke (schwach); **7.** gute (schwach); **8.** starkem (stark); **9.** gefährliche (stark)

98

1. kleinen; **2.** größeren; **3.** starken; **4.** neuen; **5.** großen; **6.** gestrigen; **7.** dicken; **8.** alten; **9.** finsteren; **10.** entsetzlichen; **11.** lauen; **12.** ausländischen; **13.** höflichen; **14.** nassen

99

1. schönem; **2.** großem; **3.** reiner; **4.** gutem; **5.** Gleiches mit Gleichem; **6.** großen; **7.** lautem; **8.** kurzer; **9.** Unheimlichem; **10.** präpotentes; **11.** guter; **12.** schlagender; **13.** immenser; **14.** großem, neuer

100

Positiv	Komparativ	Superlativ	Positiv	Komparativ	Superlativ
gut	besser	am besten	jung	jünger	am jüngsten
süß	süßer	am süßesten	deutlich	deutlicher	am deutlichsten
lebendig	—	—	arm	ärmer	am ärmsten
klug	klüger	am klügsten	viel	mehr	am meisten
hoch	höher	am höchsten	blitzschnell	—	—
alt	älter	am ältesten	grob	gröber	am gröbsten
mager	magerer	am magersten	typisch	typischer	am typischsten
optimal	—	—	schlank	schlanker	am schlanksten
lieb	lieber	am liebsten	geduldig	geduldiger	am geduldigsten
dumm	dümmer	am dümmsten	alt	älter	am ältesten
rasch	rascher	am raschesten	quadratisch	—	—
interessant	interessanter	am interessantesten	beliebt	beliebter	am beliebtesten
reich	reicher	am reichsten	wild	wilder	am wildesten
blass	blasser/blässer	am blassesten/ am blässesten	breit	breiter	am breitesten
langsam	langsamer	am langsamsten	genau	genauer	am genauesten

Keine Steigerung bei lebendig (hier gibt es kein Weniger oder Mehr), blitzschnell (das Adjektiv ist bereits durch sein Bestimmungswort gesteigert), optimal (das Adjektiv drückt bereits einen Höchstgrad aus), quadratisch (die Form kann nicht mehr oder weniger sein).

101

<u>Positiv</u>: **5.**, **6.**, **9.**, **14.**

<u>Komparativ</u>: **1.**, **2.**, **10.**, **13.**

<u>Superlativ</u>: **3.**, **4.**, **7.**, **8.**, **11.**, **12.**

102

1. wie; **2.** als; **3.** als; **4.** wie; **5.** wie; **6.** als; **7.** wie; **8.** als; **9.** wie; **10.** wie; **11.** wie; **12.** als; **13.** wie; **14.** wie; **15.** als

103

1. dreimal (Vervielfältigungszahl); **2.** halbes (Bruchzahl), alle (unbestimmtes Zahlwort); **3.** vierfache (Vervielfältigungszahl); **4.** vier (Kardinalzahl); **5.** Hälfte (Bruchzahl); **6.** Achtel (Bruchzahl); **7.** viertel (Bruchzahl); **8.** ersten (Ordinalzahl); **9.** Dreifache (Vervielfältigungszahl); **10.** Fünfte (Ordinalzahl); **11.** drei (Kardinalzahl); **12.** zwölf (Kardinalzahl)

104

1. alles (Indefinitpronomen); **2.** zwei (Zahladjektiv); **3.** Paar (Nomen); **4.** dreimal (Adverb); **5.** einiges (Indefinitpronomen); **6.** Hundertstel (Zahladjektiv, hauptwörtlich gebraucht); **7.** Übrige (Zahladjektiv, hauptwörtlich gebraucht); **8.** Zweite (Zahladjektiv, hauptwörtlich gebraucht); **9.** dritten (Zahladjektiv); **10.** doppelte (Zahladjektiv); **11.** einmal (Adverb); **12.** Einzelne (Zahladjektiv, hauptwörtlich gebraucht); **13.** zweiten (Zahladjektiv); **14.** manche (Indefinitpronomen); **15.** ganzen (Zahladjektiv); **16.** verschiedene (Zahladjektiv); **17.** allerlei (Indefinitpronomen); **18.** Dreifaches (Zahladjektiv, hauptwörtlich gebraucht); **19.** Null (Zahladjektiv, hauptwörtlich gebraucht); **20.** Million (Nomen)

105

<u>Zahladjektiv</u>: **1.**, **3.**, **4.**, **6.**, **7.**, **8.**, **11.**, **12.**

<u>Indefinitpronomen</u>: **2.**, **5.**, **9.**, **10.**

106

1. sehr, neulich; **2.** nachher, wie, überhaupt; **3.** draußen, trotzdem; **4.** beinahe, plötzlich; **5.** vielleicht, wieder, einmal; **6.** wo, gestern, sehr, nie, weg, immer, da; **7.** rechts, sofort; **8.** nie, deshalb, stets; **9.** etwa, sofort; **10.** anders, damals; **11.** dort, hinten, sofort; **12.** warum, nicht, heute; **13.** ja, schon, so, halt, nicht, mehr, daraufhin; **14.** blindlings, wieder; **15.** keinesfalls, wieder; **16.** noch, nie, deshalb

107

<u>Adverb</u>: **1.**, **4.**, **5.**, **6.**, **9.**, **10.**, **12.**, **14.**, **16.**, **18.**

<u>Adjektiv</u>: **2.**, **3.**, **7.**, **8.**, **11.**, **13.**, **15.**, **17.**, **19.**

108

Zu unterstreichen ist: **1.** doch; **2.** ja, eigentlich; **3.** leider; **4.** ja; **5.** allerdings, auch; **6.** vielleicht; **7.** überhaupt, halt; **8.** immerhin; **9.** freilich

109

1. <u>mit</u> mir / <u>durch</u> dick und dünn; **2.** <u>Bei</u> diesem herrlichen Frühlingswetter; **3.** <u>Wegen</u> der großen Nachfrage; **4.** <u>unter</u> äußerst widrigen Umständen; **5.** Den letzten Nachrichten <u>zufolge</u> / <u>mit</u> Gewittern; **6.** <u>Von</u> frühester Jugend <u>an</u>; **7.** mir <u>gegenüber</u>; **8.** <u>Seit</u> gestern; **9.** <u>auf</u> ihrem Schulweg; **10.** <u>Nach</u> der Schule / <u>von</u> ihrer Mutter; **11.** der Straßenverkehrsordnung <u>gemäß</u>; **12.** <u>aus</u> allen Wolken / <u>von</u> seiner Nominierung; **13.** <u>zum</u> Badeplatz / den Bach <u>entlang</u>; **14.** <u>von</u> Rechts <u>wegen</u>; **15.** <u>Trotz</u> ihrer starken Erkältung / <u>zum</u> Volleyballtraining; **16.** <u>Infolge</u> der großen Trockenheit; **17.** <u>zeit</u> seines Lebens; **18.** <u>neben</u> Briefmarken; **19.** <u>von</u> vorn; **20.** <u>Aufgrund</u> unserer guten Leistungen / <u>für</u> Rollenspiele; **21.** Ihrem Wunsch <u>zufolge</u>; **22.** <u>innerhalb</u> einer Stunde

110

1. aus; **2.** seit; **3.** auf; **4.** zuliebe; **5.** Wegen; **6.** Um ... willen; **7.** trotz / bei; **8.** außerhalb; **9.** um; **10.** halber; **11.** gegenüber; **12.** mit; **13.** Während

111

1. gegen (Akkusativ); **2.** oberhalb (Genitiv); **3.** mit (Dativ); **4.** zu (Dativ); **5.** gegenüber (Dativ); **6.** innerhalb (Genitiv); **7.** kraft (Genitiv); **8.** ohne (Akkusativ) / zur (mit dem Artikel verschmolzen: Dativ); **9.** bis (Akkusativ); **10.** um (Akkusativ); **11.** für (Akkusativ); **12.** aus (Dativ); **13.** anstatt (Genitiv); **14.** durch (Akkusativ); **15.** von (Dativ); **16.** außer (Dativ); **17.** binnen (Dativ); **18.** per (Akkusativ); **19.** halber (Genitiv); **20.** gemäß (Dativ); **21.** dank (Genitiv); **22.** durch (Akkusativ); **23.** aus (Dativ); **24.** bei (Dativ) / fern (Dativ)

112

1. die (Wohin?); **2.** der (Wo?); **3.** der (Wo?); **4.** einer (Wo?); **5.** den (Wo?); **6.** das (Wohin?); **7.** unseren (Wohin?); **8.** die (Wohin?); **9.** den (Wohin?); **10.** dem (Wo?); **11.** unserem (Wo?); **12.** einem (Wo?)

113

1. um; **2.** mit; **3.** an; **4.** mit; **5.** für; **6.** über; **7.** gegenüber; **8.** nach; **9.** auf; **10.** bei; **11.** zu; **12.** zu; **13.** zu; **14.** an; **15.** zu; **16.** auf; **17.** an; **18.** von; **19.** vor; **20.** in; **21.** für; **22.** an; **23.** gegen

114

1. für; **2.** um; **3.** aus; **4.** auf; **5.** mit; **6.** zu; **7.** zum; **8.** nach; **9.** Aus; **10.** mit; **11.** um; **12.** für; **13.** zu; **14.** hinter; **15.** auf; **16.** um

115

Subjekt	Prädikat	Dativobjekt	Akkusativobjekt	Präpositionalobjekt
1. Der Lehrer	**erklärt**	den Schülerinnen	die Ersatzprobe.	
2. Wir	**ärgern uns**			über die Verspätung.
3. Ich	**schreibe**	dir	ein Mail.	
4. Mein Vorschlag	**gefiel**	meinen Eltern.		
5. Alle Wintersportlerinnen	**warten**			auf Schnee.
6. Der Schaden	**entstand**			aus Unachtsamkeit.
7. Der Hahn	**kräht.**			
8. Die Übungen	**bereiten**	den Kindern	keine Probleme.	
9. Der Fußboden	**knarrt.**			
10. Wer	**kümmert sich**			um den kleinen Hund.
11. Du	**bringst**		mich	auf eine Idee.
12. Daniel	**zählt**		Paul und Leo	zu seinen Freunden.
13. Ihr	**wisst**		gar nichts.	
14. Der Polizist	**regelt**		den Verkehr.	

Achte darauf, dass immer die gleichen Felder besetzt sind, falls du noch andere Lösungen findest.

116

1. Ich, es, Daniel; **2.** Du, Frische Luft, wir, ich; **3.** ihr, mein Freund, Lisa und Birgit; **4.** sie, wir, ich, du

117

1. sind; **2.** treten; **3.** bedrohte; **4.** leidet; **5.** bringen; **6.** musste; **7.** sinkt; **8.** tragen; **9.** musste; **10.** begeistern

118

Zu unterstreichen sind: **1.** Hat gekauft (M); **2.** kommst (E), zeterte (E); **3.** kann sehen (M), schimpfte (E); **4.** war (E), verteidigte (E); **5.** dürftest geirrt haben (M), verabscheue (E), gekommen bist (M), war (E), machte (E); **6.** wird gewesen sein (M), nehme (E), bin (E), versuchte zu beruhigen (M); **7.** musste lachen (M), fragte (E), sagen würden (M); **8.** möchte wissen (M), sagte (E); **9.** ist (E); **10.** werde verwechseln (M), erspart (E); **11.** hättest nehmen können (M), meinte (E)

119

Zu unterstreichen sind: **1.** schlägst – vor (vorschlagen); **2.** findet – statt (stattfinden); **3.** geht – hin (hingehen); **4.** stehen – bevor (bevorstehen); **5.** geben – preis (preisgeben); **6.** fuhr – fort (fortfahren); **7.** setzte sich – auseinander (sich auseinandersetzen); **8.** kam – abhanden (abhandenkommen); **9.** laufen – eis (eislaufen); **10.** schlugen – fehl (fehlschlagen); **11.** schüttelt – aus (ausschütteln); **12.** nimmt – wahr (wahrnehmen); **13.** steht – kopf (kopfstehen); **14.** wies – zurecht (zurechtweisen); **15.** tut – not (nottun); **16.** nahmen – vorlieb (vorliebnehmen); **17.** kam – entgegen (entgegenkommen); **18.** bereitet – zu (zubereiten); **19.** kennt – aus (auskennen); **20.** gingen – entlang (entlanggehen)

120

1. Morgenstund; **2.** Hunger; **3.** Wer andern eine Grube gräbt; **4.** Eine Schwalbe; **5.** kein Meister; **6.** Kinder und Narren; **7.** Lügen; **8.** der Dritte; **9.** Die Axt im Haus; **10.** Was ich nicht weiß; **11.** man; **12.** Der Ton; **13.** der Faule; **14.** Frisch gewagt

121

1. der Briefträger; **2.** Er, die Balken; **3.** Ein unerwartet starker Wolkenbruch; **4.** Viele Anmeldungen zum Bühnenspielkurs; **5.** Die Begeisterung der Zuschauer; **6.** die Bürgermeisterin; **7.** unser Hausarzt; **8.** eine aufmerksame Polizistin; **9.** der Schnellzug aus Wien; **10.** Ein Hund, der viel bellt; **11.** Ein heftiger Sturm; **12.** jede(r)

122

Zu unterstreichen sind: **1.** ein König von Persien namens Chosru Schah; **2.** Dieser; **3.** er; **4.** er; **5.** die sonderbarsten Abenteuer; **6.** er; **7.** Beide; **8.** die Dunkelheit, sie; **9.** ein Lichtschimmer; **10.** Laute Stimmen; **11.** der König; **12.** er; **13.** Sie; **14.** Er, die Frauen; **15.** er, sie; **16.** Mein sehnlicher Wunsch, die älteste von den dreien; **17.** ich; **18.** ihr; **19.** ihr; **20.** ich, die zweite; **21.** ich; **22.** du; **23.** mein Geschmack; **24.** Die jüngste Schwester; **25.** die Reihe; **26.** Mein größter Wunsch, sie; **27.** nichts; **28.** Ich; **29.** Dieser; **30.** Seine Locken; **31.** seine Tränen; **32.** er, seine Lippen; **33.** Der Sultan; **34.** Namentlich die Worte der Jüngsten; **35.** er; **36.** er; **37.** alle drei

123

Zu unterstreichen sind: **1.** der Toten; **2.** der verwaisten Kinder; **3.** dieser Tat; **4.** der Stimme; **5.** ihrer Kleidung; **6.** einer teuren Stereoanlage; **7.** eines Besseren; **8.** aller seiner Ämter; **9.** seiner Pflichten; **10.** der Hilfe ihrer Eltern; **11.** keiner Schuld

124

Zu unterstreichen sind: **1.** seinen Mitarbeitern; **2.** dem Patienten; **3.** seinem großen Bruder; **4.** ihrem Reiseführer; **5.** Kaum jemandem; **6.** Wem; **7.** seinem Idol; **8.** Den beiden Kandidaten; **9.** meinem Vater; **10.** den besten Köchen; **11.** Großvater; **12.** den Mädchen; **13.** ihrem Mann; **14.** Kindern; **15.** Vielen; **16.** Der Frau; **17.** Den Kindern. – Ersatzwort: immer mir/dir!

125

Zu unterstreichen sind: **1.** das Fenster, frische Luft; **2.** keine Zeit; **3.** eine gute Idee, die Hand; **4.** den Brei; **5.** den Kopf, eine bessere Idee; **6.** die Schulbank, keine Computer; **7.** wenig Lust, den Film; **8.** diese Kamera, den Verkäufer; **9.** einige Souvenirs; **10.** keine andere Möglichkeit, den Zahn; **11.** die Haare; **12.** ihre Haare; **13.** jemanden, mein Fahrrad, ihre Freundin; **14.** das Bild; die Einzelheiten; **15.** seinen Aufsatz, ihn; **16.** Spaß, die Menschen – Ersatzwort: immer mich/dich!

126

1. 04; **2.** 03; **3.** 03; **4.** 04; **5.** 04; **6.** 02; **7.** 03; **8.** 04; **9.** 02; **10.** 03; **11.** 04; **12.** 04; **13.** 03; **14.** 04; **15.** 03; **16.** 02; **17.** 03; **18.** 04; **19.** 03; **20.** 03; **21.** 04; **22.** 02; **23.** 03; **24.** 03; **25.** 04; **26.** 02; **27.** 04, 04; **28.** 04; **29.** 03; **30.** 03; **31.** 04

127

1. von Leos Idee; **2.** nach dem Frühling; **3.** auf den Schikurs; **4.** an der Überparteilichkeit des Schiedsrichters; **5.** um ihre schönen Haare; **6.** über etwas Unangenehmes; **7.** an einem neuen Roman; **8.** mit unseren Leistungen; **9.** zu den besten Mathematikerinnen; **10.** nach dem Weg zum Bahnhof; **11.** von seinen trüben Gedanken; **12.** seinen Kollegen gegenüber; **13.** um seine Gesundheit; **14.** an Vitaminen; **15.** an dem günstigen Angebot; **16.** von der langen Wanderung; **17.** nach Keksen

128

Zu unterstreichen sind (in den Klammern stehen die richtigen Lösungen): **1.** über das unfreundliche Personal (PO4); **2.** um eine Tafel Schokolade (PO4); **3.** auf fragwürdige Geschäfte (PO4); **4.** von unserem Vorhaben (PO3); **5.** um einen Gefallen (PO4); **6.** aus Kunststoff (PO3); **7.** auf den Verkehr (PO4); **8.** um den alten Mann (PO4); **9.** über jede Kleinigkeit (PO4); **10.** an der Richtigkeit der Aussage (PO3); **11.** von verschiedenen Faktoren (PO3); **12.** von den Ideen seiner Schüler (PO3); **13.** zu jedem Opfer (PO3); **14.** auf mich (PO4); **15.** über die faszinierenden Tricks des Zauberkünstlers (PO4)

129

1. Worüber? **2.** Worum? **3.** Auf wen? **4.** Woran? **5.** Für wen? **6.** Wonach? **7.** Über wen? **8.** Auf wen? **9.** Wovon? **10.** Worauf? **11.** Woran? **12.** Von wem?

130

1. S; **2.** Pilot werden ▶ GN; **3.** S; **4.** unser Nesthäkchen bleiben ▶ GN; **5.** mein Schatz sein ▶ GN; **6.** ein Geheimnis bleiben ▶ GN; **7.** S; **8.** ein verschlafenes Gebirgsdorf bleiben ▶ GN; **9.** ein Planet sein ▶ GN; **10.** S; **11.** eine der bekanntesten Opern sein ▶ GN; **12.** S; **13.** eine Zumutung für Familien sein ▶ GN; **14.** Stellas beste Freundin bleiben ▶ GN; **15.** S; **16.** Gast sein ▶ GN

131

Zu unterstreichen sind: **1.** Klara (Ihre Erstgeborene wurde von unseren Bekannten Klara getauft.) **2.** einen Versager (Der Tormann wurde von einem Fußballfan ein Versager geschimpft.) **3.** einen Rowdy (Von einem Passanten wurde der Autofahrer ein Rowdy gescholten.) **4.** einen Dummkopf (Leo wurde von Paul ein Dummkopf geheißen); **5.** Joschi (Von Frau Müller wird ihr Mann Joschi genannt.) **6.** Minko (Von unseren Bekannten wird ihr Kater Minko gerufen.)

132

In Klammern stehen die unterstrichenen Gleichsetzungsglieder: **1.** wird (Abteilungsleiter: GN); **2.** Ist (Stellas Schwester: GN); **3.** ruft (Schnurrli: GA); **4.** schimpfte (eine faule Bande: GA); **5.** tauften (Benjamin: GA); **6.** bleibt (unsere Deutschlehrerin: GN); **7.** sind (der größte Stolz der Familie Müller: GN); **8.** werden (Schmetterlinge: GN); **9.** hieß/nannte (ein Gesindel: GA); **10.** bleiben (unser Klassensprecher: GN); **11.** sind (Tiere, die aus Eiern schlüpfen: GN); **12.** nannte/hieß (einen Intriganten: GA); **13.** wurde (ein bedeutender Staatsmann: GN)

133

1. Wann? ▶ ZE, Wo? ▶ OE; **2.** Wie? ▶ AE; **3.** Wie? ▶ AE, Wohin? ▶ OE; **4.** Aufgrund welchen Umstands? (Warum?) ▶ BE; **5.** Wo? ▶ OE?; **6.** Wie (sehr)? ▶ AE, Wie? ▶ AE; **7.** Wann? ▶ ZE; **8.** Wie lange? ▶ ZE, Wo? ▶ OE; **9.** Wie? ▶ AE; **10.** Wann? ▶ ZE, Wohin? ▶ OE; **11.** Warum? ▶ BE; **12.** Wie? ▶ AE, Wann? ▶ ZE

134

1. <u>Nach der Schule</u> ging Anna nach Hause. (ZE) **2.** <u>Langsam</u> sperrte sie die Wohnungstür auf. (AE) **3.** Da hörte sie Musik <u>aus ihrem Zimmer</u>. (OE) **4.** Sie lief <u>empört</u> in ihr Zimmer. (AE); **5.** Das Radio war <u>den ganzen Tag</u> eingeschaltet gewesen. (ZE) **6.** <u>In der Eile</u> hatte sie vergessen, es auszuschalten. (BE) **7.** Erleichtert ließ sie sich <u>auf ihr Bett</u> fallen. (OE) **8.** <u>Wegen ihrer Vergesslichkeit</u> hätte sie sich beinahe aus der Fassung bringen lassen. (BE) **9.** „<u>Morgen</u> schalte ich das Radio sicher aus", sagte sie sich. (ZE)

135

Zu unterstreichen sind: **1.** Oberhalb von etwa 900 m (OE), in den nächsten Tagen (ZE); **2.** über den Himmel (OE); **3.** mild (AE), meist schwach (AE); **4.** in den Nebelzonen (OE), verstärkt (AE); **5.** wegen des trüben Wetters (BE), häufig (ZE); **6.** Erschöpft, aber erleichtert (AE), am Samstagabend (ZE), im Krankenhaus (OE); **7.** Trotz erheblicher Verletzungen (BE), bei guter Laune (AE), da er den Absturz überlebt hatte (BE); **8.** Wegen seiner schweren Verletzungen (BE), noch längere Zeit (ZE), im Krankenhaus (OE); **9.** Aufgrund eines elektrischen Defekts (BE), gestern Abend (ZE), in einem Möbelgeschäft (OE); **10.** mit großem Einsatz (AE), nach einer Stunde (ZE); **11.** Aus Sicherheitsgründen (BE), über Nacht (ZE), im Gebäude (OE); **12.** Drei Wochen nach einem tödlichen Unfall (ZE), an derselben Stelle (OE), erneut (ZE); **13.** übersichtlich (AE), zweimal (ZE); **14.** Bei Glatteis (BE), auf der Autobahn (OE), häufig (ZE)

136

1. <u>Gestern</u> besuchte Frau Franz ihre Freundin Hanna. **2.** Frau Franz brachte ihr Blumen und einen Kuchen, <u>weil sie Geburtstag hatte.</u> **3.** Hanna freute sich <u>sehr</u> über den Besuch und über die Blumen. **4.** Sie lobte den Kuchen <u>über alle Maßen</u>. **5.** <u>Um ihre Freundin nicht zu kränken,</u> aß sie ein kleines Stück. **6.** Frau Franz aß <u>mit großem Appetit</u> vier Stücke. **7.** Hanna schaute ihr <u>besorgt</u> zu. **8.** Sie habe <u>den ganzen Tag</u> nichts gegessen, meinte Frau Franz. **9.** „<u>In meinem Kühlschrank</u> hätte ich etwas Gesünderes für dich gehabt", sagte Hanna. **10.** Frau Franz entgegnete: „Ich kann dir ja nicht Äpfel <u>an deinem Geburtstag</u> mitbringen."

137

1. Herr Franz öffnete das Fenster, <u>um die frische Morgenluft ins Zimmer zu lassen</u>. **2.** <u>Mit Interesse</u> betrachtete er den Himmel. **3.** Die Sonne zeigte sich nicht, <u>weil sie hinter dicken Wolken verschwunden war</u>. **4.** Herr Franz schloss <u>rasch</u> wieder das Fenster. **5.** <u>Plötzlich</u> fiel ihm ein wichtiger Termin ein. **6.** <u>Kurz</u> überlegte er. **7.** Und schon lief er <u>aus dem Haus</u>. **8.** Seine Frau sah ihm <u>belustigt</u> nach. **9.** Sie blieb <u>allein</u> daheim. **10.** <u>Draußen</u> regnete es bereits.

138

1. ZE (Adverb); **2.** OE (Adverb), OE (präpositionale Fügung); **3.** AE (Adjektiv), AE (Partizip II); **4.** BE (präpositionale Fügung); **5.** OE (präpositionale Fügung); **6.** BE (präpositionale Fügung); **7.** AE (Partizipialgruppe); **8.** AE (adverbialer Akkusativ); **9.** ZE (adverbialer Genitiv); **10.** ZE (adverbialer Akkusativ); **11.** AE (Infinitivgruppe); **12.** OE (Adverb), OE (präpositionale Fügung); **13.** ZE (Gliedsatz); **14.** AE (Adjektiv), ZE (Adverb); **15.** ZE (Adverb), AE (Adjektive); **16.** AE (Gliedsatz); **17.** ZE (präpositionale Fügung); **18.** ZE (präpositionale Fügung), OE (präpositionale Fügung); **19.** BE (präpositionale Fügung), OE (Adverb); **20.** AE (Partizipialgruppe); **21.** AE (Adjektiv), AE (präpositionale Fügung); **22.** ZE (präpositionale Fügung), ZE (Adverb); **23.** AE (Adjektiv), BE (Infinitivgruppe); **24.** ZE (Adverb), AE (Adjektiv); **25.** AE (Adjektiv), BE (Pronominaladverb)

139

1. Woran? ▶ PO4; **2.** Wohin? ▶ OE; **3.** Wonach? ▶ PO3; **4.** Wann? ▶ ZE; **5.** Womit? ▶ PO3; **6.** Wie? ▶ AE; **7.** Wann? ▶ ZE; **8.** Vor wem? ▶ PO3; **9.** Worüber? ▶ PO4; **10.** Über wen? ▶ PO4; **11.** Wie? ▶ AE; **12.** Wo? ▶ OE; **13.** In wen? ▶ PO4; **14.** Wann? ▶ ZE; **15.** Wo? ▶ OE; **16.** Worum? ▶ PO4; **17.** Wann? ▶ ZE; **18.** Worum? ▶ PO4; **19.** Woher? ▶ OE; **20.** Woraus? ▶ PO3; **21.** Warum? ▶ BE

140

1. Auf dem Weg <u>zur Schule</u> traf Lisa ihre <u>ehemalige</u> Deutschlehrerin. **2.** Frau Haller, <u>eine lustige junge Lehrerin</u>, unterrichtet jetzt an einer anderen Schule. **3.** Damals, <u>als Frau Haller die Schule verlassen hatte</u>, war Lisa <u>sehr</u> traurig. **4.** Die Angst, <u>nun eine langweilige Lehrerin zu bekommen</u>, war nicht berechtigt. **5.** Die Umstellung <u>auf ihre neue Deutschlehrerin</u> fiel Lisa nicht schwer. **6.** Die <u>neue</u> Deutschlehrerin ist ebenfalls lustig, aber nicht mehr <u>ganz</u> jung. **7.** Herr Franz geht in seine Buchhandlung, um die <u>bestellten</u> Bücher abzuholen. **8.** Der Buchhändler, <u>ein guter Freund</u>, zeigt Herrn Franz einige <u>interessante</u> Neuerscheinungen. **9.** Herr Franz nimmt aber nur die Bücher, <u>die er bestellt hat</u>. **10.** Der Platz <u>in seinem Bücherregal</u> wird schon <u>ziemlich</u> knapp. **11.** Die Bücher <u>auf seinem Schreibtisch</u> stapeln sich auch schon. **12.** Herr Franz kann über den Inhalt <u>seiner Bücher</u> viel erzählen. **13.** Die meisten <u>von ihnen</u> hinterließen einen <u>bleibenden</u> Eindruck.

141

1. präpositionale Fügung, Adjektiv; **2.** Apposition; **3.** Gliedsatz (Temporalsatz), Adverb; **4.** Infinitivgruppe; **5.** präpositionale Fügung; **6.** Adjektiv, Adjektiv; **7.** Partizip II; **8.** Apposition, Adjektiv; **9.** Relativsatz; **10.** präpositionale Fügung, Adverb; **11.** präpositionale Fügung; **12.** Genitiv; **13.** präpositionale Fügung, Partizip I

142

1. Pauls Gedanken ...; **2.** das Haus, in dem seine Großmutter wohnt; **3.** am Nachbarn seiner Großmutter; **4.** Herr Müller, ein netter alter Herr; **5.** die Menschen auf der Straße; **6.** überaus eilig; **7.** schwere Einkaufstaschen; **8.** einen gellenden Schrei; **9.** die Bremsen mehrerer Autos; **10.** ein Rettungsauto mit Blaulicht; **11.** aufgeregte Menschen; **12.** die Angst vor der Mathematikschularbeit

143

1. den Brief, den ihr Anna geschrieben hatte; **2.** Die Aussicht auf ein Wiedersehen; **3.** an das fröhlich lachende Gesicht ihrer Freundin; **4.** sehr lange; **5.** Den Wunsch, sie einmal zu besuchen; **6.** über die Einladung ihrer Freundin; **7.** An einem langen Wochenende; **8.** Dann, wenn nicht viel zu lernen ist, ... **9.** in Krems, einer schönen alten Stadt; **10.** Erst vor Kurzem; **11.** seinen alten Schulfreund

144

<u>Relativsatz:</u> **1., 5., 6., 8.**   <u>Apposition:</u> **2., 3., 4., 7., 9., 10.**

145

Zu unterstreichen sind: **1.** Großvaters (Genitiv), nach Innsbruck zu fahren (Infinitivgruppe); **2.** alten (Adjektiv), den er seit seiner Schulzeit kennt (Relativsatz), wieder (Adverb); **3.** ein passionierter Bergsteiger (Apposition), passioniert (Adjektiv), ins Hochgebirge (präpositionale Fügung); **4.** in den Bergen (präpositionale Fügung), sehr (Adverb); **5.** großen (Adjektiv), frühen (Adjektiv); ersten (Ordinalzahl); **6.** mit der Eisenbahn (präpositionale Fügung), alten (Adjektiv); **7.** wie diese (Fügung mit wie), gemütlichere (Adjektiv: Komparativ); **8.** wenn er mit dem Zug fährt (Gliedsatz), verschiedensten (Adjektiv, Superlativ); **9.** langen (Adjektiv); **10.** Sehr (Adverb), mit dem er ein angeregtes Gespräch führen kann (Relativsatz), angeregtes (Partizip II); **11.** Großvaters (Genitiv), für Mineralien (präpositionale Fügung), schönes (Adjektiv); **12.** in den Bergen (präpositionale Fügung), sehr (Adverb); **13.** besonders (Adverb), interessante (Adjektiv), die er auf den Bergen findet (Relativsatz)

146

1. <u>Dort</u> drüben, <u>jenseits des Flusses</u>, | befindet sich | ein <u>großer</u> Auwald. **2.** Die Angst <u>der Menschen</u> <u>vor Überschwemmungen</u> | besteht | <u>immer</u> noch. **3.** Das Leben <u>der Menschen</u> <u>in dieser Gegend</u> | ist | hart. **4.** <u>Regelmäßiger</u> Aufenthalt <u>an der frischen Luft</u> | schützt | vor Krankheiten. **5.** Christine Nöstlinger, <u>eine Schriftstellerin</u>, <u>die vorwiegend für Kinder schreibt</u>, | hat | (auch: kein Satzglied) | <u>sehr gute</u> Gedichte | verfasst. **6.** Die Klagen <u>der Menschen</u> <u>über die zunehmende Lärmbelästigung</u> | waren | berechtigt. **7.** Das <u>heimische</u> Team, <u>das bisher noch kein Match verloren hat</u>, | muss | mit einer <u>starken gegnerischen</u> Mannschaft | rechnen. **8.** Ein <u>leises</u> Gefühl <u>von Wehmut</u> | beschlich | sie beim Gedanken <u>an ihre alte</u> Schule. **9.** Die Sitzung <u>gestern</u>, <u>bei der es um die neue Aufgabenverteilung ging</u>, | dauerte | <u>zwei</u> Stunden. **10.** Zu ihrem <u>zwölften</u> Geburtstag | bekam | Susi | eine <u>schöne warme</u> Jacke <u>mit echtem Pelzfutter</u>. **11.** Der <u>lange</u> und <u>äußerst unerfreuliche</u> Konflikt <u>zwischen den beiden Ländern</u> | konnte | endlich | durch die Vermittlung <u>westlicher</u> Diplomaten | beigelegt werden. **12.** Die Frage <u>nach dem besten</u> Buch <u>des Jahres</u> | wurde | von den Leuten | unterschiedlich | beantwortet. **13.** Das <u>kleine gelbe</u> Haus <u>rechts neben der Kirche</u> | soll | abgerissen werden. **14.** <u>Hoch</u> oben <u>auf dem Turm</u> | gibt | es | eine Aussichtsplattform.

147

Zu unterstreichen sind: **1.** um Aufmerksamkeit (PO); **2.** um acht Uhr (ZE); **3.** um mehr Verständnis (Attribut); **4.** vor der neuen Umgebung (Attribut); **5.** vor der Kirche (OE); **6.** vor der Dunkelheit (PO); **7.** über die Geschenke (Attribut); **8.** über Unangenehmes (PO); **9.** über eine kleine Nebenstraße (AE); **10.** unter diesen Bedingungen (BE); **11.** unter meinem Pult (Attribut); **12.** Unter Freiheit (PO); **13.** neben der Schule (Attribut); **14.** Seit Herbst (ZE), neben Susanne (OE); **15.** mit den wichtigsten Daten (Attribut); **16.** mit Vorsicht (AE); **17.** mit den Ergebnissen (PO); **18.** nach Athen (Attribut); **19.** nach Kroatien (OE)

148

1. <u>Warst</u> du schon einmal in einem Zirkus? (St) 2. Letztes Jahr <u>war</u> ich mit meinen Eltern bei einer sehr schönen Vorstellung. (K) 3. Ich <u>hatte</u> bisher noch nie eine Gelegenheit, in den Zirkus zu gehen. (K) 4. Aber nächste Woche <u>kommt</u> wieder ein Zirkus zu uns in die Stadt. (K) 5. Ich <u>habe</u> schon davon gehört. (K) 6. <u>Gehen</u> wir doch gemeinsam am Sonntag in eine Vorstellung! (St) 7. Ob Susi auch mitkommen <u>kann</u>? (Sp) 8. Sie <u>ist</u> leider immer noch böse auf mich. (K) 9. Wenn ihr euch endlich wieder einmal vertragen <u>könntet</u>! (Sp) 10. Dass du dich da immer einmischen <u>musst</u>! (Sp) 11. Ich <u>möchte</u> mit euch beiden gut auskommen und keine bevorzugen! (K) 12. Weshalb <u>möchtest</u> du Susi unbedingt in den Zirkus mitnehmen? (K) 13. Weil sie auch noch nie in einem Zirkus <u>war</u>. (Sp) 14. <u>Wäre</u> es dann nicht gescheiter, nur mit Susi in den Zirkus zu gehen? (St) 15. <u>Bist</u> du jetzt auch auf mich böse? (St)

149

1. Wie komme ich zum Bahnhof? (F) 2. Ist es noch sehr weit? (F) 3. Gibt es einen direkten Bus? (F) 4. Der Zug fährt in einer Viertelstunde. (A) 5. Ich nehme ein Taxi. (A) 6. Warten Sie! (R) 7. Da kommt gerade der Bus. (A) 8. Fährt er wirklich zum Bahnhof? (F) 9. Mach bitte das Radio leiser! (R) 10. Ich verstehe das eigene Wort nicht. (A) 11. Warum nimmst du nicht Kopfhörer? (F) 12. Hast du mich nicht verstanden? (F) 13. Unsere Nachbarn beklagen sich. (A) 14. Wäre ich doch bei Lisa geblieben! (R) 15. Ich nehme Ohrenstöpsel. (A) 16. Wo finde ich sie nur?/! (Je nach Situation: F/A)

150

1. Ob ich den Weg allein <u>finde</u>? (SP) 2. Wen <u>könnte</u> ich fragen? (K) 3. <u>Gibt</u> es hier ein Gasthaus? (St) 4. Warum Paul noch nicht da <u>ist</u>? (Sp) 5. Du <u>hast</u> das wirklich gesehen? (K) 6. Wie <u>ist</u> das passiert? (K) 7. <u>Hat</u> er sich schwer verletzt? (St) 8. Ob ich ihn anrufen <u>soll</u>? (Sp)

151

Entscheidungsfrage: 2., 4., 6., 8.   Ergänzungsfrage: 1., 3., 5., 7.

152

1. Lisa <u>wollte</u> noch länger die Straßenakrobaten <u>beobachten</u>, aber <u>ihre Mutter</u> <u>drängte</u>. 2. <u>Frau Müller</u> <u>hatte</u> es eilig, denn zu Hause <u>wartete</u> <u>eine Menge Arbeit</u>. 3. <u>Sie</u> <u>trug</u> eine schwere Einkaufstasche und <u>Lisa</u> <u>schleppte</u> einen Korb. 4. <u>Lisa</u> <u>stellte</u> den schweren Korb auf den Boden, denn <u>sie</u> <u>wollte</u> den Akrobaten noch gerne <u>zusehen</u>. 5. Da <u>kam</u> <u>Frau Berger</u>, <u>sie</u> <u>war</u> sehr aufgeregt. 6. Im Gedränge <u>war</u> <u>ihre Geldbörse</u> <u>abhandengekommen</u> und ihr Mobiltelefon <u>hatte</u> <u>sie</u> zu Hause <u>vergessen</u>. 7. Glücklicherweise <u>hatte</u> <u>Lisa</u> ihr Mobiltelefon bei sich, <u>sie</u> <u>borgte</u> es Frau Berger. 8. <u>Frau Berger</u> <u>ließ</u> ihr Konto <u>sperren</u>, denn auch <u>ihre Bankomatkarte</u> <u>war</u> weg. 9. Nun <u>hatte</u> es <u>Frau Müller</u> nicht mehr so eilig, <u>sie</u> <u>ging</u> mit Frau Berger zur Polizei. 10. <u>Lisa</u> <u>konnte</u> zwar jetzt den Straßenakrobaten <u>zusehen</u>, aber nach all den Aufregungen <u>hatte</u> <u>sie</u> wenig Lust, noch länger zu bleiben.

153

1. <u>Lisa</u> <u>spielt</u> Gitarre und <u>ihre Schwester</u> <u>lernt</u> das erste Jahr Blockflöte. (R) 2. <u>Pauls Eltern</u> <u>fahren</u> über das Wochenende nach Wien und <u>besuchen</u> Freunde. (Z) 3. In meiner Freizeit <u>spiele</u> <u>ich</u> Tennis oder <u>ich</u> <u>beschäftige mich</u> mit meinen Briefmarken. (R) 4. <u>Frau Franz</u> <u>räumte</u> das Zimmer <u>auf</u> und <u>brachte</u> anschließend den Brief zur Post. (Z) 5. <u>Wir</u> <u>gehen</u> morgen entweder ins Kino oder <u>wir</u> <u>besuchen</u> euch am Abend. (R) 6. <u>Die neue Lehrerin</u> <u>stellte sich vor</u> und <u>fragte</u> nach unseren Interessen. (Z) 7. <u>Meine Freundin</u> <u>war</u> bald fertig, so <u>konnten</u> <u>wir</u> noch ein wenig Musik <u>hören</u>.(R) 8. <u>Paul</u> <u>holte</u> sein Fahrrad aus dem Keller und <u>fuhr</u> eine Runde. (Z) 9. <u>Der Verunglückte</u> <u>erholte sich</u> rasch und <u>konnte</u> bald das Krankenhaus verlassen. (Z) 10. Letztes Jahr <u>waren</u> <u>wir</u> in den Ferien am Meer, aber heuer <u>bleiben</u> <u>wir</u> zu Hause. (R)

154

1. aber; 2. trotzdem; 3. denn; 4. daher; 5. folglich; 6. so; 7. und; 8. oder; 9. nur; 10. desto; 11. noch; 12. umso; 13. auch; 14. jedoch; 15. nämlich; 16. also; 17. sonst

155

Zu unterstreichen ist: 1. dass ich es ein zweites Mal **las**; 2. **wessen** Idee das **war**; 3. **Warum** das nicht schon längst **geschah**; 4. **die** von den Schülern **kommen**; 5. **wie** sie das Formular **ausfüllen müssen**; 6. **Wenn** alle so **denken** wie du; 7. **Wie** ich schon immer **gesagt habe**; 8. **wenn** das Telefon **läutet**; 9. **dass** wir **kommen sollen** und bei ihm **übernachten können**; 10. **Als** die Bergsteiger die Hütte **erreichten**; 11. **die** wir gemeinsam **unternahmen**; 12. **woran** es **liegt**, dass unsere Katze so faul **ist**; 13. was einem Wunder **gleicht**; 14. **worüber** die Schifahrer nicht gerade glücklich **sind**; 15. Da zu wenig Schnee **liegt**; 16. **woran** man **erkennt**, dass beim Handy der Akku leer **wird**; 17. **Wann** der Vortrag **beginnt** und **wo** er **stattfindet**; 18. **Während** Paul schon mit seiner Aufgabe fertig **ist**.

156

Zu unterstreichen ist: 1. sie **habe** keine andere Wahl; 3. **Hätte** sie das früher **gewusst**; 5. Es **sei** alles gar nicht so schlimm; 7. Er **würde** mit den Verantwortlichen **sprechen**; 8. er **habe** einen guten Freund; 9. **Hätte** er an diesen Freund früher **gedacht**; 10. Er **werde** ihr auf jeden Fall **helfen**.

157

Zu unterstreichen ist: 1. Als sie nach Hause kam (Konjunktion); 2. das auf dem Parkplatz abgestellt war (Relativpronomen); 3. wie es dazu gekommen war (Adverb); 4. wer es gewesen sein könnte (Interrogativpronomen); 5. worüber sie sich mehr ärgern sollte (Pronominaladverb); 6. Nachdem er alles gesagt hatte (Konjunktion); 7. Dass das Gespräch nicht einfach war (Konjunktion); 8. ob er vielleicht etwas falsch gemacht hatte (Konjunktion); 9. Weil er noch seine Freunde treffen wollte (Konjunktion); 10. wo sie schon warteten (Adverb); 11. warum er so spät kam (Adverb); 12. mit wem er sich getroffen hatte (Interrogativpronomen)

158

Zu unterstreichen ist: 1. dass er einen Fehler gemacht hat (Objektsatz); 2. Was ich dir jetzt sage (Subjektsatz); 3. wo jetzt tiefer Schnee liegt (Attributsatz); 4. Wer den Schaden hat (Subjektsatz); 5. er kenne sich beim Computer gut aus (Objektsatz); 6. die aus dem Westen kamen (Attributsatz); 7. dass beim Auto etwas nicht stimmte (Objektsatz); 8. wenn es draußen dunkel wird (Attributsatz); 9. was ich für dich tun kann (Attributsatz); 10. wie es zu diesem Unfall gekommen ist (Objektsatz); 11. wo wir vor zwei Jahren in den Ferien waren (Objektsatz); 12. wie die neuesten Filme ankommen (Subjektsatz); 13. Wer sich nicht an die Spielregeln hält (Subjektsatz); 14. bei denen es auf die Taktik ankommt (Attributsatz); 15. die Glücksspiele bevorzugt (Attributsatz); 16. Was Paul ärgert (Subjektsatz); 17. Wer aber Lisa kennt (Subjektsatz).

159

1. …, was freilich verständlich ist; 2. …, worüber wir uns wunderten; 3. …, was uns aber nichts ausmachte; 4. …, was unser Fahrer nicht wusste; 5. …, weshalb wir im Ort blieben; 6. …, was zu unserem Programm gehörte; 7. …, wozu wir aber nicht bereit waren; 8. …, wobei es gar nicht so kalt war; 9. …, was den Lehrer nicht überraschte.

160

Zu unterstreichen ist: **1.** in denen man gerne allein ist, weil sie einem jene Ruhe ermöglichen, die für eine Besinnung auf das Wesentliche nötig ist. (v); **2.** wie man am besten nach Krems fährt, welche Bahnverbindungen es gibt, wie lange die Reise dauert und was eine Hin- und Rückfahrkarte kostet? (g); **3.** Obwohl wir den Weg, der uns über den Gebirgspass führen sollte, nicht kannten (v); **4.** Wenn es morgen regnet, was ich vermute (v); **5.** dass sich das Klima erwärmt und dass mit einem massiven Gletscherrückgang zu rechnen ist. (g); **6.** Damit er alles richtig macht, was ihm aufgetragen wurde (v); **7.** Wenn ich nicht weiß, wie ich ein Wort schreiben soll (v); **8.** Sooft sie in die Stadt fährt, wo ihre Freundin wohnt (v); **9.** wann es einen günstigen Flug nach London gibt, was er kostet und ob sie umsteigen muss. (g); **10.** Nachdem alles noch einmal wiederholt worden war, was zur Schularbeit kommen könnte (v).

161

1. Obwohl es stark regnete (Konzessivsatz); **2.** Weil die Straßen glatt waren (Kausalsatz); **3.** Wenn die Temperaturen besonders tief sind (Temporalsatz); **4.** Weil es einen Hinweis aus der Bevölkerung gab (Kausalsatz); **5.** wie es alle machen (Modalsatz); **6.** Würde sorgfältiger trainiert (Konditionalsatz); **7.** Obwohl sich die Ärzte überaus bemühten (Konzessivsatz); **8.** Damit unvorhergesehene Pannen vermieden werden können (Finalsatz); **9.** Nachdem die notwendigen Formalitäten erledigt worden waren (Temporalsatz); **10.** Während er an seinem letzten Roman arbeitete (Temporalsatz); **11.** Indem er seine Geschwindigkeit erhöhte (Modalsatz)

162

1. Springt das Auto nicht an, ... **2.** Hätte ich etwas mehr Lust, ... **3.** Sollte es wieder schneien, ... **4.** Entscheidest du dich anders, ... **5.** Wäre das Haus billiger gewesen, ... **6.** Würde die Sommerzeit abgeschafft werden, ...

163

Zu unterstreichen ist: **1.** Da sie keine andere Wahl hatte (Kausalsatz); **2.** Nachdem er die Rechnung bezahlt hatte (Temporalsatz); **3.** Hätte ich Geld (Konditionalsatz); **4.** bis ich wieder zu Hause bin (Temporalsatz); **5.** Wenn wir ihn beginnen lassen (Konditionalsatz); **6.** Da wir keine Stubenhocker sind (Kausalsatz); **7.** indem sie viel arbeitet (Modalsatz); **8.** Während Paul am liebsten Fleisch isst (Adversativsatz); **9.** Wäre sie etwas einsichtiger (Konditionalsatz); **10.** Als sein ganzer Besitz verkauft war (Temporalsatz); **11.** obwohl wir nicht damit rechneten (Konzessivsatz); **12.** Damit uns niemand erkennt (Finalsatz); **13.** Wo Brennnesseln wachsen (Lokalsatz); **14.** bevor es zu schütten begann (Temporalsatz); **15.** als ob er hier zu Hause wäre (Modalsatz); **16.** Da Lisa krank geworden ist (Kausalsatz); **17.** wie es ihm der Meister gezeigt hatte (Modalsatz) **18.** Wo jetzt der PC steht (Lokalsatz); **19.** dass ich die CD kaufte (Konsekutivsatz); **20.** Wenn ich auch nicht schön singe (Konzessivsatz); **21.** damit der Wind sie nicht zuschlägt (Finalsatz); **22.** Während die Energiekosten steigen (Adversativsatz)

164

Zu unterstreichen ist: **1.** Von der Richtigkeit der Antwort überzeugt (Partizipialgruppe); **2.** ohne sich noch einmal umzusehen (Infinitivgruppe); **3.** Müde von der langen Reise (Adjektivgruppe); **4.** Um nicht den Zug zu versäumen (Infinitivgruppe); **5.** Die Zähne fletschend (Partizipialgruppe); **6.** Statt im Wörterbuch nachzuschlagen (Infinitivgruppe); **7.** überzeugend dargestellt (Partizipialgruppe); **8.** neben ihrer Freundin sitzen zu dürfen (Infinitivgruppe); **9.** beim Test gut abzuschneiden (Infinitivgruppe); **10.** Neugierig auf das Ergebnis (Adjektivgruppe); **11.** Von einem heftigen Gewitter überrascht (Partizipialgruppe); **12.** in der Dunkelheit ohne Licht zu fahren (Infinitivgruppe)

165

Zu unterstreichen ist: **1.** Von einem unerwarteten Besuch überrascht (▶ Da sie von einem unerwarteten Besuch überrascht wurde); **2.** Sich mühsam auf einen Stock stützend (▶ Indem er sich mühsam auf einen Stock stützte); **3.** Um nicht wieder das Haus unserer Bekannten zu übersehen (▶ Damit er nicht wieder das Haus unserer Bekannten übersah); **4.** das neue Siedlungsgebiet schon zu kennen (▶ dass er das neue Siedlungsgebiet schon kennt); **5.** Gelangweilt von den ständigen Wiederholungen (▶ da mich die ständigen Wiederholungen langweilten); **6.** bereit zu jedem Unfug (▶ die zu jedem Unfug bereit waren). Die Verwendung von satzwertigen Gruppen wirkt eleganter. Gliedsätze sind umständlicher, die Konjunktionen bewirken jedoch eine eindeutige Aussage.

166

1. Das Auto sei bei Rot in die Kreuzung gefahren, ...; **2.** Ob sie das auch selber gesehen hat/habe, ...; **3.** Sie sei mit ihrem Hund spazieren gegangen und da habe sie es krachen gehört, ...; **4.** ..., wo sie da gerade gewesen sei; **5.** ..., dass sie bei den Altpapiercontainern war/gewesen sei, wo es ihrem Waldi immer so gefalle; **6.** ..., dass man aber von dort hinten nicht auf die Kreuzung sieht/sehe; **7.** Er solle ihr glauben. Sie sei sofort da gewesen, als es gekracht habe. Die Glassplitter seien nur so herumgeflogen, ...; **8.** Ihre Beobachtung helfe ihm nicht viel weiter. Er brauche Zeugen, die gesehen haben, wie der Unfall passiert sei, ...; **9.** Dann solle er doch jemand anderen fragen, ...; **10.** Ob man schon die Rettung verständigt hat/habe, ...; **11.** Sie sollten zurücktreten und Platz machen, ...

167

1. ..., die Schularbeit sei gut ausgefallen; **2.** ..., sie hätten schlecht abgeschnitten; **3.** ..., es werde keine negativen Noten geben; **4.** ..., wir sollten weiter so fleißig arbeiten. **5.** ..., sie habe eine Beschwerde vorzubringen; **6.** ..., sie solle es schnell machen, weil die Zeit knapp sei; **7.** ..., sie werde sich über ihn beschweren; **8.** ..., sie könne das ohne Weiteres machen; **9.** ..., er solle lauter sprechen, da sie ihn nicht verstehen könne; **10.** ..., sie solle endlich ihre Beschwerde vorbringen.

168

1. ..., ob es da noch schöne Zimmer mit Balkon gibt/gebe; **2.** ..., ob er ein Zimmer am See oder am Waldrand haben will/wolle; **3.** ..., was das Zimmer am See koste; **4.** Wie lange er bleiben wolle, ...; **5.** ..., was sie ihm gegen seinen Husten empfehle; **6.** Wie lange er schon huste, ...; **7.** Ob sein Husten trocken ist/sei, ...; **8.** ..., ob sie ein gutes homöopathisches Mittel habe. Entscheidungsfragen werden mit der Konjunktion „ob" eingeleitet.

169

1. ..., dass sie am Montag um acht Uhr kommen möge. / ..., sie möge am Montag um acht Uhr kommen. **2.** ..., dass er endlich einsteigen und sich einen Platz suchen soll(e). / ..., er solle endlich einsteigen und sich einen Platz suchen. **3.** ..., dass er diesen Brief unterschreiben möge. / ..., er möge diesen Brief unterschreiben. **4.** ..., dass er uns doch wieder einmal besuchen soll(e). / ..., er solle uns doch wieder einmal besuchen. **5.** ..., dass sie den Start nicht verschlafen sollen. / ..., sie sollen den Start nicht verschlafen. **6.** ..., dass sie ihr eine schöne Modezeitschrift bringen möge. / ..., sie möge ihr eine schöne Modezeitschrift bringen.

170

1. Der Lehrer ermunterte seine Schüler(,) so weiterzumachen und nicht lockerzulassen. 2. Sie versprachen, weiterhin fleißig zu üben und am Ball zu bleiben. 3. Er habe schon lange keine so gute Klasse gehabt, sagte der Lehrer. 4. Der Unterricht sei aber auch wirklich sehr spannend, antwortete Paul. 5. Lisa fragte den Lehrer, ob er im kommenden Jahr die Klasse wieder übernehmen werde/wird. 6. Susi fragte, was er im kommenden Jahr auf dem Programm habe. 7. Der Lehrer kündigte an(,) die Schüler mit den verschiedensten Texten experimentieren zu lassen. 8. Auch Referate seien vorgesehen, sagte er. 9. Lena warf ein(,) vor Referaten Angst zu haben. Sie sei da immer sehr nervös. 10. Alle anderen waren überzeugt(,) das sicher auch zu schaffen.

171

1. Die böse Fee drohte, Dornröschen mit einer Spindel zu töten. 2. Der Wolf forderte die sieben kleinen Geißlein auf(,) die Tür aufzumachen und ihn hereinzulassen. 3. Die schwangere Frau beschwor ihren Mann(,) ihr einen Teller von diesem leckeren Rapunzelsalat zu bringen. 4. Die Königin warf dem Jäger vor(,) Schneewittchen nicht getötet zu haben. 5. Frau Holle trug der Goldmarie auf(,) die Betten auszuschütteln. 6. Die Prinzessin behauptete(,) schlecht geschlafen zu haben, so, als wäre sie auf Erbsen gelegen. 7. Er brauche Stiefel und einen flotten Hut, sagte der Kater zum Müllerburschen. / Der Kater sagte zum Müllerburschen, dass er Stiefel und einen flotten Hut braucht/brauche. 8. Sie müssten Hänsel und Gretel in den Wald bringen, meinte die Mutter. 9. Mutter ermahnte das Rotkäppchen(,) auf dem Weg zu bleiben und nicht in den Wald hineinzugehen. 10. Der Esel klagte(,) von seinem Herrn vom Hof gejagt worden zu sein.

172

1. Herr Müller versprach(,) der Sache nachzugehen. 2. Frau Berger deutete an(,) einen Verdacht zu haben. 3. Herr Franz forderte sie auf zu sagen, was sie wisse. 4. Frau Berger ersuchte(,) ihre Beobachtungen vertraulich zu behandeln. 5. Herr Müller beteuerte(,) Stillschweigen zu bewahren. 6. Herr Franz riet Herrn Müller(,) sich aus der Sache herauszuhalten. 7. Herr Müller ermunterte Frau Berger(,) über ihre Beobachtungen zu sprechen. 8. Herr Franz warf Frau Berger vor(,) nur Gerüchte zu verbreiten.

173

1. Er solle ihm seinen Führerschein zeigen, forderte der Polizist den Pkw-Lenker auf. / Der Polizist forderte den Pkw-Lenker auf, ihm seinen Führerschein zu zeigen. 2. Der Fahrer gab an, von einem entgegenkommenden Auto geblendet worden zu sein. 3. Der Arzt fragte den Patienten, seit wann er den Schmerz im Knie spüre. 4. Der Patient erklärte(,) schon ein Jahr ein Stechen zu spüren. Seit einem Monat sei es aber ganz schlimm geworden. 5. Der Tischler versprach(,) die Möbel in einer Woche zu liefern. 6. Er solle ihm mitteilen, wann er komme, bat ihn der Kunde. 7. Der Tischler wollte wissen, welcher Tag für ihn am besten sei. 8. Der Kunde erklärte, dass es am Freitag am günstigsten sei. Da sei immer jemand zu Hause. 9. Der Briefträger fragte Herrn Franz, ob sein Nachbar auf Urlaub oder ob er weggezogen ist/sei. 10. Herr Franz beteuerte(,) nichts Näheres zu wissen. Er habe mit seinen Nachbarn keinen Kontakt. 11. Frau Franz warf ihrer Nachbarin vor(,) im Stiegenhaus immer so viel Mist zu machen. 12. Der Mist sei nicht von ihr, sondern von deren Hund, entgegnete die Nachbarin. 13. Sie sollen doch nicht kindisch sein und sich vertragen, appellierte Herr Franz an die beiden Frauen.

7. Auflage 2016

ISBN 978-3-7058-7412-1

(C) DIE HÖFLICHKEITSFORM

Die höfliche Anrede leitet sich von der 3. Person Plural her:

*Wir laden **Sie** herzlich ein.*   *Nehmen Sie auch **Ihre** Kinder mit!*

*Wir schicken **Ihnen** ein Programm.*   *Gibt es **Ihrerseits** Wünsche und Anregungen?*

Die Formen der höflichen Anrede werden immer **großgeschrieben**. Sie gelten für Singular und Plural.

89 **Übertrage folgende Sätze in die Höflichkeitsform.**

> *Beispiel*:   Ich rufe **dich** morgen an. ► **Ich rufe Sie morgen an.**

1. Wie geht es dir? ► ....

2. Wie geht es deinen Eltern? ► ....

3. Kennst du meinen Bruder? ► ....

4. Darf ich bei dir einmal vorbeikommen? ► ....

5. Ich hätte mit dir etwas zu besprechen. ► ....

6. Bist du mit deinem PC zufrieden? ► ....

7. Deine Entscheidung hat mich überrascht. ► ....

8. Hat es deinerseits besondere Vorkommnisse gegeben? ► ....

9. Habt ihr eure Zimmerschlüssel abgegeben? ► ....

10. Wir werden euch über die Kosten informieren. ► ....

11. Ihr habt eure Bücher schon bekommen. ► ....

90 **Übertrage diese Aufforderungssätze in die Höflichkeitsform. Beachte dabei auch die Verbform.**

> *Beispiel*:   Mach **dir** keine Sorgen! ► **Machen Sie sich keine Sorgen!**

1. Bleibt auf euren Plätzen! ► ....

2. Kommt, wenn ihr aufgerufen werdet! ► ....

3. Bringt ein Passbild mit! ► ....

4. Unterschreibt euren Antrag! ► ....

5. Seid unbesorgt! ► ....

6. Komm bald wieder! ► ....

7. Teile uns deine neue Adresse mit! ► ....

8. Hab keine Scheu, Fragen zu stellen! ► ....

9. Sende deinen Antrag an folgende Adresse! ► ....

10. Sei bitte nicht ungehalten! ► ....

(D) BESTIMMTER ARTIKEL – UNBESTIMMTER ARTIKEL

1 **Unbestimmter Artikel**

*Lisa hat **eine** kleine Katze.*
(Es ist erstmals von der Katze die Rede.)

Bestimmter Artikel

*Alle möchten **die** Katze streicheln.*
(Man weiß bereits über die Katze Bescheid.)

2 **Singular**

*Ich sehe **einen** Baum.*

Plural

Ich sehe Bäume.
Der **unbestimmte Artikel** entfällt im **Plural**!

91 **Trage in folgende Textpassagen die passende Form des bestimmten und unbestimmten Artikels ein.**

1. Heute habe ich .... Glückstag. Ich habe bei .... Quiz ....
Gutschein für .... Reise gewonnen. .... Quiz war ganz schön knifflig. Wohin
.... Reise gehen soll, weiß ich noch nicht. .... Glückstag wird jedenfalls gefeiert!

2. In .... Bus wurde .... Tasche mit .... höheren Geldbetrag
gefunden. .... Tasche mit .... Geldbetrag kann im Fundbüro abgeholt
werden.

3. .... Mann hatte .... Hund. Er ging mit .... Hund jeden Tag
spazieren. Einmal begegnete er .... Frau, die ihm zwar gefiel, die aber ....
Hund nicht mochte. Daraufhin beschloss .... Mann, ... Hund nicht ins Tierheim zu
geben, sondern .... andere Frau zu heiraten, die ihm noch besser gefiel.

4. .... Radfahrerin wurde von .... PKW angefahren. Der Lenker ....
PKWs beging Fahrerflucht. .... Radfahrerin liegt mit schweren Verletzungen im Krankenhaus.

92 **Übertrage die unterstrichenen Nomen in den Singular. Beachte, dass sie dann den unbestimmten Artikel brauchen.**

1. Unser neuer Nachbar hat Kinder. ▶ ....
2. Zeig mir bitte, wie man Nüsse knackt. ▶ ....
3. Bücher sind durch nichts zu ersetzen. ▶ ....
4. Wo finde ich Farbkreiden? ▶ ....
5. Wie reinigt man Teppiche? ▶ ....
6. Aus Kürbissen kann man gute Gerichte machen. ▶ ....
7. Für diese Arbeit braucht man starke Männer. ▶ ....
8. Am liebsten spielt meine Schwester mit Puppen. ▶ ....
9. In den vorderen Reihen sind noch Plätze frei. ▶ ....

Das Adjektiv – das Eigenschaftswort

(A) DER GEBRAUCH DER ADJEKTIVE

1 Beim **attributiven Gebrauch** ist das Adjektiv **Beifügung eines Nomens**:

Guter Rat *ist teuer.*   *Sie gab mir einen* **guten** Tipp.   *Er ist in* **guter** Verfassung.

2 Beim **prädikativen Gebrauch** bezieht sich das Adjektiv auf das **Subjekt** oder das **Akkusativobjekt**:

Subjekt	Akkusativobjekt
Das Buch ist *spannend*.	*Ich finde* das Buch *spannend*.

3 Beim **adverbialen Gebrauch** bezieht sich das Adjektiv auf ein **Verb**, ein **Adjektiv** oder auf eine **Umstandsergänzung**:

Ich kann hier **gut** arbeiten. *Auch Lisa* arbeitet **fleißig**.   (Bezug auf ein Verb)
Es gab einen **unerwartet** großen *Ansturm.*   (Bezug auf ein Adjektiv)
Das Auto hielt **unmittelbar** vor dem Eingang.   (Bezug auf Umstandsergänzung)

4 Beim **nominalen (hauptwörtlichen) Gebrauch** übernimmt das Adjektiv die **Aufgabe eines Nomens**. Es kann mit oder ohne Begleiter verwendet werden:

Der **Fremde** *fragte nach dem Weg. Im* **Allgemeinen** *bin ich zufrieden. Er hat* **Großes** *vor.*

---

93 **Bestimme in folgenden Sätzen den Gebrauch der fett gedruckten Adjektive und unterstreiche jene Wörter, auf die sie sich jeweils beziehen.**

1. Die Rechenaufgabe war für mich eine **harte** Nuss. ....

2. Ich arbeite **verbissen** an dieser Rechnung. ....

3. Die Rechnung fanden alle **schwer**. ....

4. Mein Bruder gab mir den **richtigen** Tipp. ....

5. Er ist **gut** in Mathematik. ....

6. Aber ich bin auch nicht **wirklich** schwach. ....

7. Ich kann **Wichtiges** von **Unwichtigem** gut unterscheiden. ....

8. Das sei **gut**, meint meine Lehrerin. ....

9. Unsere Lehrerin erklärt uns alles ganz **genau**. ....

10. An der Tafel komme ich oft als **Erster** dran. ....

11. Ich bin deshalb nicht **unglücklich**. ....

12. Denn ich gehöre zu **den Guten**. ....

13. Ich kann mich **gut** konzentrieren. ....

14. Bei der **letzten** Schularbeit hatte ich Glück. ....

15. Ich verrechnete mich **fürchterlich**. ....

16. Glücklicherweise bemerkte ich **rasch** den Fehler. ....

17. Es war eine **reiner** Flüchtigkeitsfehler. ....

18. Ich werde selten **nervös**. ....

19. So etwas kommt ja **leicht** vor. ....

20. **Unmittelbar** nach einer Schularbeit bin ich sehr müde. ....

94 **Setze die eingeklammerten Adjektive in hauptwörtlich gebrauchter Form ein.**

1. Wir haben .... schon einmal erlebt. (*ähnlich*)

2. Die .... werden die .... sein. (*erste, letzte*)

3. Wir versuchten es aufs ...., aber es wollte nicht gelingen. (*neu*)

4. Meine .... schließen sich dieser Meinung an. (*bekannt*)

5. Ich halte es für das ...., wenn du auch mitkommst. (*beste*)

6. Er hatte nichts .... im Sinn. (*böse*)

7. Der Wagen fuhr in die Kreuzung, als die Ampel auf .... schaltete. (*gelb*)

8. Du wirst bei der Auseinandersetzung den .... ziehen. (*kürzer*)

9. Meine ...., wie geht es euch immer? (*lieb*)

10. Im .... bin ich mit meinem Leben zufrieden. (*allgemein*)

11. Ich hätte .... erwartet. (*schlimmer*)

95 **Partizipien können wie Adjektive verwendet werden. Bestimme in folgenden Sätzen ihren Gebrauch.**

1. Das war eine **gelungene** Aktion. ....

2. Ich habe dir **Folgendes** mitzuteilen. ....

3. Dein Entschluss kommt für mich **überraschend**. ....

4. Die **überwältigende** Mehrheit spricht sich für diese Lösung aus. ....

5. Es gab **auffallend** viele Abmeldungen. ....

6. Sie machte ein **beleidigtes** Gesicht, weil sie nicht dabei sein durfte. ....

7. Das Essen schmeckte **ausgezeichnet**. ....

8. Es gibt **Aufregenderes** als diese langweilige Show. ....

9. Das Orchester besteht aus vielen **erfrischend** jungen Musikern. ....

10. Alle **Beteiligten** hatten einen positiven Eindruck. ....

(B) DIE FLEXIONSFORMEN DER ADJEKTIVE

1 Bei der **schwachen Deklination** endet das Adjektiv auf **-e** und **-(e)n**. Davor steht ein Begleiter, der mit seinen Endungen Geschlecht, Fall und Zahl anzeigt:

Nominativ:	*der steile Berg*	*die tiefe Schlucht*	*das enge Tal*
Genitiv:	*des steilen Berges*	*der tiefen Schlucht*	*des engen Tales*
Dativ:	*dem/vom steilen Berg*	*der/zur tiefen Schlucht*	*dem/im engen Tal*
Akkusativ:	*den steilen Berg*	*die tiefe Schlucht*	*das enge Tal*

2 Bei der **starken Deklination** ist das Adjektiv **Begleiter**. Es übernimmt die Flexionsendungen zum Großteil vom bestimmten Artikel:

Nominativ:	*heißer Tee (der)*	*warme Milch (die)*	*frisches Wasser (das)*
Genitiv:	*heißen Tees*	*warmer Milch*	*frischen Wassers*
Dativ:	*heißem Tee*	*warmer Milch*	*frischem Wasser*
Akkusativ:	*heißen Tee*	*warme Milch*	*frisches Wasser*

3 Bei der **gemischten Deklination** gibt es **starke und schwache Endungen**. Vor dem Adjektiv steht **ein/kein** oder ein **Possessivpronomen**:

Nominativ:	*ein kleiner Mund*	*keine große Nase*	*dein langes Haar*
Genitiv:	*eines kleinen Mundes*	*keiner großen Nase*	*deines langen Haares*
Dativ:	*einem kleinen Mund*	*keiner großen Nase*	*deinem langen Haar*
Akkusativ:	*einen kleinen Mund*	*keine große Nase*	*dein langes Haar*

96 Dekliniere im Singular und im Plural. Mach diese Übung in deinem Übungsheft.

der starke Regen	ein starker Regen	starker Regen
die klirrende Kälte	eine klirrende Kälte	klirrende Kälte
das dicke Eis	ein dickes Eis	dickes Eis

97 Setze die fehlenden Endungen ein und bestimme, ob es sich um eine starke oder um eine schwache Endung handelt.

1. Gestern war dicht...... Nebel. ....

2. Vater fuhr mit seinem neu...... Auto zur Arbeit. ....

3. Bei der erst...... Kreuzung passierte es. ....

4. Ein entgegenkommend...... Auto krachte in Vaters Wagen. ....

5. Vater hatte groß...... Glück. ....

6. Es wurde nur der link...... Kotflügel beschädigt. ....

7. Auch der andere Autofahrer hatte eine gut...... Portion Glück. ....

8. Bei stark...... Nebel sollte man eben vorsichtiger fahren! ....

9. Viele Autofahrer unterschätzen gefährlich...... Situationen. ....

98 Setze die in Klammern angegebenen Adjektive ein. Beachte die schwachen Endungen *(-en)* im Dativ.

1. Mutter erzählt meinem (*klein*) .... Bruder eine Geschichte.

2. Mit einem (*größer*) .... Fahrrad könnte ich schneller fahren.

3. Bei diesem (*stark*) .... Wind kommt man kaum vorwärts.

4. Die Lehrerin zeigt dem (*neu*) .... Schüler seinen Platz.

5. An diesem (*groß*) .... Tisch können alle bequem sitzen.

6. Wir erfuhren viel bei unserem (*gestrig*) .... Besuch.

7. Paul schmökerte in einem (*dick*) .... Buch.

8. Lisa hilft dem (*alt*) .... Mann aus dem Bus.

9. Die Katze versteckte sich in diesem (*finster*) .... Loch.

10. Das Haus wurde von diesem (*entsetzlich*) .... Knall erschüttert.

11. An einem (*lau*) .... Sommerabend passierte es.

12. Mutter zeigte unserem (*ausländisch*) .... Gast den Weg zur Bank.

13. Mit einem (*höflich*) .... Gruß verabschiedete sich der Fremde.

14. Auf einem (*nass*) .... Rasen rutscht man leicht aus.

99 Setze die fehlenden Endungen ein. Beachte, dass hier alle Adjektive stark deklinieren.

1. Bei schön......... Wetter findet das Fest vor dem Veranstaltungszentrum statt.

2. Mit groß......... Vergnügen übernehmen wir diese spannende Aufgabe.

3. Aus rein......... Langeweile begann Lisa, alle ihre Freundinnen anzurufen.

4. Ich möchte meine Bücher in gut......... Zustand zurückbekommen.

5. Du solltest nicht Gleich......... mit Gleich......... vergelten.

6. Wir werden ohne groß......... Aufwand einen netten Abend haben.

7. Der Hund machte sich mit laut......... Gebell bemerkbar.

8. Binnen kurz......... Zeit konnte der Schaden behoben werden.

9. Mit Unheimlich......... möchte ich mich am Abend nicht beschäftigen.

10. Durch präpotent......... Verhalten kann man sich sehr unbeliebt machen.

11. Wegen gut......... Führung wurde der Gefangene vorzeitig entlassen.

12. Mangels schlagend......... Beweise kam es zu keiner Anklage.

13. Trotz immens......... Bemühungen seitens der Eltern kam die Lehrerin an eine andere Schule.

14. Wir werden mit Pauls groß......... Bruder und dessen neu......... Freundin ins Stadion gehen.

(C) DIE VERGLEICHSFORMEN DER ADJEKTIVE

1 Die drei Vergleichsformen heißen:

Positiv ▼ **Komparativ** ▼ **Superlativ** ▼

hell   heller   am hellsten

2 Einige Vergleichsformen haben im Komparativ und Superlativ zusätzlich zu den Endungen **-er** und **-(e)st Umlaut**:

lang – länger – am längsten   kurz – kürzer – am kürzesten

Einige wenige Adjektive steigern **unregelmäßig**. Zum Beispiel:

gut – besser – am besten   viel – mehr – am meisten
groß – größer – am größten   hoch – höher – am höchsten
nah – näher – am nächsten

3 Das Buch war **so** spannend **wie** ein Krimi.   Das Buch war spannender **als** ein Krimi.
Der **Positiv** drückt mit den Wörtern   Der **Komparativ** bringt mit dem Wort **als**
so und **wie** Gleichheit aus.   **Ungleichheit** zum Ausdruck.

100 Setze in folgender Tabelle die fehlenden Vergleichsformen ein. Einige Adjektive lassen sich nicht steigern. Versuche das zu begründen.

Positiv	Komparativ	Superlativ	Positiv	Komparativ	Superlativ
		am besten			am jüngsten
süß			deutlich		
lebendig				ärmer	
	klüger				am meisten
		am höchsten	blitzschnell		
alt				gröber	
	magerer				am typischsten
optimal			schlank		
	lieber			geduldiger	
		am dümmsten			am ältesten
rasch			quadratisch		
	interessanter			beliebter	
		am reichsten			am wildesten
blass			breit		
	langsamer			genauer	

101 Handelt es sich um den *Positiv*, den *Komparativ* oder den *Superlativ*? Bestimme die Vergleichsformen der Adjektive.

1. Heutzutage werden die Menschen *älter* als in *früheren* Zeiten. ....

2. Meine Deutschlehrerin fand keine *gröberen* Verstöße gegen die Rechtschreibung. ....

3. Von allen meinen Freunden mag ich Paul *am liebsten*. ....

4. Wir sind über unseren Erfolg *höchst* erfreut. ....

5. Lina ist schon so *groß* wie ihre Mutter. ....

6. Lauf so *schnell*, wie du nur kannst. ....

7. *Am wenigsten* fürchte ich mich vor Spinnen. ....

8. Beim Italiener gibt es das *beste* Eis in der ganzen Stadt. ....

9. Unser Urlaub ist so *gut* wie beschlossen. ....

10. Die *besseren* Schüler in unserer Klasse helfen den *schwächeren*. ....

11. Es ist *am klügsten*, wenn man abwartet, was kommt. ....

12. Ehrlich währt *am längsten*. ....

13. Je *früher* du fertig bist, desto *länger* kannst du spielen. ....

14. Ich bin über den Ausgang des Spiels genauso *traurig* wie du. ....

102 *Als* oder *wie*? Setze das richtige Wort ein.

1. Wenn die Mitternachtssonne scheint, ist es so hell .... am Tag.

2. Heuer verlieren die Bäume ihr Laub früher .... im letzten Jahr.

3. Jeder hält meine Schwester für jünger, ... sie tatsächlich ist.

4. Lisa ist so alt .... meine Schwester.

5. Ihr Auftritt war so überzeugend .... der eines Profis.

6. Die Reparatur unseres Autos kostete weniger .... befürchtet.

7. Letzten Winter lag der Schnee so hoch .... schon lange nicht mehr.

8. Im Herbst war es wesentlich wärmer .... in den letzten Jahren.

9. Ich mache meine Übungen so gewissenhaft .... nur möglich.

10. Die Stimmung bei uns war nicht immer so harmonisch .... in den letzten Tagen.

11. Am Abend war Paul so müde .... schon lange nicht mehr.

12. Noch nie waren die Bergleute glücklicher .... nach ihrer Rettung.

13. Bei meiner Geburtstagsfeier soll es so nett werden .... im letzten Jahr.

14. Onkel Rudis neues Motorrad war so teuer .... ein Auto.

15. Bei schwerer Krankheit ist so mancher hilfloser .... ein kleines Kind.

Das Numerale – Das Zahlwort

(A) ARTEN DER NUMERALE

Zur Erinnerung! Es gibt folgende Zahlwörter:

Die bestimmten Zahlwörter:

Kardinalzahlen (Grundzahlen): *null, eins, zwei, drei, zehn, elf, zwölf, zwanzig, vierundsiebzig, hundert, hundertneunundzwanzig, tausend, eine Million, eine Milliarde, eine Billion; das Paar, das Dutzend …*

Ordinalzahlen (Ordnungszahlen): *erster, zweiter, dritter, zehnter, elfter, zwölfter, zwanzigster, hundertster, tausendster, Millionster …*

Vervielfältigungszahlen: *einmal, zweimal, dreimal; zweifach, dreifach, vierfach, doppelt*

(Ziffernschreibung: 2-mal, 3-mal, 10-mal; 2-fach, 3-fach, 4-fach …)

Bruchzahlen: *halb, drittel, viertel, achtel, zehntel, hundertstel, tausendstel, millionstel; die Hälfte*

Die unbestimmten Zahlwörter:

einige, etliche, mehrere, alle, allerlei, genug, ein bisschen, manches, sämtliche, viele, wenige, andere, einzelne, übrige …

---

103 **Unterstreiche in folgenden Sätzen die Zahlwörter und bestimme sie.**

1. Ich habe dich dreimal angerufen, immer vergeblich. ....

2. Es dauerte ein halbes Jahr, bis wir uns alle kannten. ....

3. Frau Müller, eine vierfache Mutter, organisiert den Elternverein. ....

4. Frau Müller hat vier Kinder an unserer Schule. ....

5. Die Hälfte unserer Klasse möchte einen Judokurs machen. ....

6. Vater bestellte sich ein Achtel Wein. ....

7. Für den Kuchen brauchst du ein viertel Kilogramm Mehl. ....

8. In der Schule sitze ich ganz vorne in der ersten Reihe. ....

9. Die Besucherzahlen sind um das Dreifache gestiegen. ....

10. Jeder Fünfte kommt wegen des neuen Museums. ....

11. Unsere Schule belegte bei der Bewertung Platz drei. ....

12. Gegen zwölf Uhr sind wir oft schon sehr hungrig. ....

(B) DIE GRAMMATISCHEN EIGENSCHAFTEN DER NUMERALE

1 **Zahladjektive** können **hauptwörtlich** gebraucht werden:

(die) **drei** *Brüder, (die)* **acht** *Stufen*   *eine* **Drei** *würfeln, die Ziffer* **Acht**

die **erste** *Reihe links, das* **fünfte** *Gebot*   *am* **Ersten***, jeder* **Fünfte**

ein **dreifaches** *Lob*   *um ein* **Dreifaches**

jeder **einzelne** *Schüler*   *jeder* **Einzelne**

2 **Zahlnomen** haben die Eigenschaften eines Nomens:

die Million, die Milliarde, die Billion, das Paar, das Dutzend, die Hälfte

3 Zu den **Adverbien** zählen folgende **Vervielfältigungszahlen**:

einmal, zweimal, … tausendmal …

4 Zu den **Indefinitpronomen** zählen **unbestimmte Zahlwörter**, die keinen Begleiter haben können:

etwas *wissen, nie* **genug** *bekommen,* **einiges** *besprechen,* **sämliche** *Bücher lesen,* **alle** *Jahre kommen,* **manches** *Neue berichten,* **allerlei** *Schönes kaufen,* **mehrere** *Stunden bleiben,* **etliche** *Nüsse knacken …*

---

104 **Unterstreiche die Zahlwörter und bestimme ihre jeweilige grammatische Eigenschaft, d.h. die Wortart, zu der sie gehören.**

1. Man kann nicht alles wissen. ....

2. Diese zwei Ganoven sucht man schon lange. ....

3. Jedes Jahr brauche ich ein Paar neue Turnschuhe. ....

4. Ich klopfe dreimal an die Tür, wenn ich komme. ....

5. Es gibt einiges zu regeln, bevor wir mit der Arbeit beginnen. ....

6. Ich habe mich nur um ein Hundertstel verrechnet. ....

7. Er macht die Planung, alles Übrige überlässt er uns. ....

8. Anna wurde beim Tennisturnier Zweite. ....

9. Ich weiß nicht, wer den dritten Preis gewonnen hat. ....

10. Wenn Besuch kommt, kocht sie immer die doppelte Menge. ....

11. Wer einmal lügt, dem glaubt man nicht, auch wenn … ....

12. Jede Einzelne ist wichtig in unserem Team. ....

---

13. Nach der zweiten Kreuzung kommt man direkt zum Bahnhof. ....

14. Manche Schülerinnen glauben, nicht üben zu müssen. ....

15. Die alte Frau wartete den ganzen Tag auf Besuch. ....

16. Es gibt verschiedene Möglichkeiten für einen Textbeginn. ....

17. Auf dem Dachboden liegt allerlei Gerümpel. ....

18. Der Konsum von Mineralwasser ist um ein Dreifaches gestiegen. ....

19. Er redet sich ein, im Sport eine Null zu sein. ....

20. Die Fassadenrenovierung kostet mehr als eine Million Euro. ....

---

105 Betätige dich als Sprachforscher und finde heraus, ob die unbestimmten Zahlwörter Zahladjektive oder Indefinitpronomen sind. Streiche die falsche Lösung durch.

Beispiel: Vor *einigen* Tagen kam dieser Brief.   ~~Zahladjektiv~~   Indefinitpronomen
Jeder *einzelne* Schüler war davon betroffen.   Zahladjektiv   ~~Indefinitpronomen~~

Zur Erinnerung: **Vor Adjektiven ist ein Begleiter möglich, vor Pronomen nicht.**

1. Leo saß die *ganze* Zeit vor dem Computer und spielte.	Zahladjektv	Indefinitpronomen
2. Lisa hat *alle* Bücher von Astrid Lindgren gelesen.	Zahladjektv	Indefinitpronomen
3. Lina hat die *meisten* Bücher schon gelesen.	Zahladjektv	Indefinitpronomen
4. Die *übrigen* Bücher wird sie sich bei Lisa ausborgen.	Zahladjektv	Indefinitpronomen
5. Lina kann *allerlei* von ihren Büchern erzählen.	Zahladjektv	Indefinitpronomen
6. Die *gesamte* Familie gratulierte dem Jubilar.	Zahladjektv	Indefinitpronomen
7. Nur *wenige* meldeten sich zu dem Kurs an.	Zahladjektv	Indefinitpronomen
8. Die Lehrerin war über die *vielen* Fehler entsetzt.	Zahladjektv	Indefinitpronomen
9. *Manche* von uns hätten lieber einen späteren Schulbeginn.	Zahladjektv	Indefinitpronomen
10. Beim Zahnarzt muss ich immer *etwas* warten.	Zahladjektv	Indefinitpronomen
11. Wir haben uns *Verschiedenes* für die Ferien vorgenommen.	Zahladjektv	Indefinitpronomen
12. Er hat seine *zahlreichen* Freunde zum Fest eingeladen.	Zahladjektv	Indefinitpronomen

Das Adverb – das Umstandswort

1 Adverbien **verändern nie ihre Form**. Du kannst sie weder deklinieren noch konjugieren. Sie gehören zur Gruppe der **Partikel**.

2 Die meisten Adverbien geben Auskunft über die **Zeit**, den **Ort**, die **Art und Weise** oder über eine **Begründung**. Man unterscheidet daher zwischen

Ortsadverbien: *oben, unten, hier, dort, links, rechts, vorne, hinten, überall, draußen, drinnen, daneben, dahinter, nirgends …*

Zeitadverbien: *jetzt, gestern, nun, oft, morgens, mittags, abends, morgen, heute, nie, samstags, immer, wieder, nochmals, derzeit, zwischendurch, sofort, stets, niemals …*

Modaladverbien (Art und Weise): *ungefähr, fast, schätzungsweise, gratis, nicht, anders, so, blindlings, allein, einigermaßen, überhaupt, sehr, gern, kopfüber, dreimal …*

Begründungsadverbien: *deshalb, folglich, anstandshalber, trotzdem, notfalls, dennoch …*

3 Auch die **Fragewörter** *Wo?, Wohin?, Woher?, Wann?, Wie lange?, Seit wann?, Wie?, Warum?, Wehalb?* usw. zählen zu den Adverbien. Man nennt sie **Interrogativadverbien** oder **Frageadverbien**.

4 Einige Adverbien lassen sich **keiner inhaltlichen Kategorie** zuordnen, wenn sie die Aussage eines Satzes abstufen und emotional färben. Sie gehören dann zu den **Modalpartikeln**:

*Erzähl **schon**! Bist du **etwa** anderer Meinung? Das wäre **ja** noch schöner! Hast du dich **vielleicht** anders entschieden? Ich möchte **nur** nicht wieder Probleme haben. Es ist **halt** nicht immer einfach. Wir kennen uns **immerhin** schon einige Zeit. Das ist **freilich** für dich kein Grund. Es ist **kaum** zu glauben, **allerdings** werde ich mich damit abfinden.*

106 Unterstreiche in folgenden Sätzen alle Adverbien, die du findest.

1. Da wir alle sehr großes Interesse zeigten, ging unsere Deutschlehrerin neulich mit uns ins Theater.

2. Mein Bruder fragte mich nachher skeptisch: „Wie hat dir das Stück überhaupt gefallen?"

3. Draußen regnet es. Trotzdem läuft Mutter einige Runden um den Wohnblock.

4. Sie wäre beinahe gestürzt, als ihr ein Hund plötzlich über den Weg lief.

5. Vielleicht sollte ich wieder einmal mit Mutter laufen gehen.

6. „Wo warst du gestern? Ich hätte dich sehr gebraucht." – „Ich war nie weg, sondern immer da."

7. Das Auto bog rechts ab und verschwand sofort aus dem Blickfeld.

8. Unsere Lehrerin vergisst nie auf das Wiederholen. Deshalb sind wir stets gut vorbereitet.

9. „Hast du etwa anderes erwartet?", fragte mich mein Freund sofort nach seinem grandiosen Sieg.

10. Es wurde alles anders, als man damals vermutet hatte.

11. „Dort hinten liegt etwas", sagte Paul aufgeregt und lief sofort los.

12. „Warum bist du nicht länger geblieben?", fragte mich Leas Mutter heute Vormittag.

13. „Ich war ja schon so müde, und es war halt nicht mehr lustig", war daraufhin meine Antwort.

14. Lisa meint, sie würde blindlings wieder zu ihrer alten Wohnung finden.

15. Ihr Bruder behauptet, er würde keinesfalls wieder in diese Wohnung zurückgehen.

16. Theo war noch nie in einem Zirkus. Deshalb wünscht er sich zum Geburtstag eine Eintrittskarte.

107 Entscheide, ob die fett gedruckten Wörter in folgenden Sätzen Adverbien oder Adjektive sind. Streiche die falsche Lösung durch.

1. Wir wiederholten **heute** den ganzen Semesterstoff. — Adverb — Adjektiv
2. Aus **heutiger** Sicht sieht vieles anders aus. — Adverb — Adjektiv
3. In der **gestrigen** Deutschstunde wurde gelesen. — Adverb — Adjektiv
4. In Englisch hatten wir **gestern** einen Vokabeltest. — Adverb — Adjektiv
5. Wir haben uns **sehr** beeilt, die Arbeit termingerecht abzugeben. — Adverb — Adjektiv
6. Mein kleiner Bruder bleibt nicht **gerne** allein zu Hause. — Adverb — Adjektiv
7. „Das ist **lieb** von dir", sagte die alte Frau und bedankte sich. — Adverb — Adjektiv
8. In der **unteren** Schublade ist allerlei Gerümpel verstaut. — Adverb — Adjektiv
9. Die Kinder spielen gerne **unten** am Bach. — Adverb — Adjektiv
10. Er konnte **bald** nach seiner Genesung wieder arbeiten. — Adverb — Adjektiv
11. Wir wünschen uns ein **baldiges** Wiedersehen. — Adverb — Adjektiv
12. Gehst du **oft** ins Kino? — Adverb — Adjektiv
13. Letztes Jahr war ich **häufig** im Kino. — Adverb — Adjektiv
14. Wahrscheinlich wird es **morgen** regnen. — Adverb — Adjektiv
15. Der **morgige** Tag wird sicher spannend. — Adverb — Adjektiv
16. Alle Mühe war **vergebens**. — Adverb — Adjektiv
17. Wir warteten **vergeblich** auf eine Nachricht. — Adverb — Adjektiv
18. **Damals**, im Kindergarten, hatte ich viel Zeit zum Spielen. — Adverb — Adjektiv
19. Meine **damaligen** Freunde sehe ich immer noch sehr oft. — Adverb — Adjektiv

108 Unterstreiche in folgenden Sätzen die Modalpartikel.

1. Klara: „Ich habe dir doch gesagt, dass ich das Buch heute wieder haben muss."
2. Anna: „Ich habe ja nicht gewusst, dass es eigentlich deinem Bruder gehört."
3. Klara: „Ich muss es ihm leider heute wieder geben."
4. Leo: „Dass du mir ja nicht wieder mit meinem Fahrrad wegfährst!"
5. Max: „Da brauchst du keine Angst zu haben, allerdings werde ich dir auch nichts mehr borgen."
6. Leo: „Du bist vielleicht eingeschnappt!"
7. Max: „Deinem Fahrrad ist überhaupt nichts passiert. Es ist halt immer dasselbe mit dir."
8. Leo: „Immerhin hättest du mich fragen können."
9. Max: „Entschuldigung! Daran hätte ich freilich denken müssen!"

Die Präpositionen – die Vorwörter/Verhältniswörter

(A) DIE STELLUNG DER PRÄPOSITIONEN

1 Die meisten Präpositionen stehen **vor dem abhängigen Wort** oder der **abhängigen Wortgruppe**:

*Ich kann **ohne** dich nicht leben. Er begann das neue Jahr **mit** vielen guten Vorsätzen.*

2 Einige Präpositionen werden einem Wort oder einer Wortgruppe **nachgestellt**:

*Seinem kranken Freund **zuliebe** verschob er die Geburtstagsparty.*
*Leider müssen wir den Termin unvorhergesehener Umstände **halber** verschieben.*

3 Einige Präpositionen **umklammern** ein Wort oder eine Wortgruppe:

***Von** allem Anfang **an** war unsere Mannschaft die stärkere.*
***Um** unserer Freundschaft **willen** wollen wir diesen unnötigen Streit beilegen.*

109 **Unterstreiche in diesen Sätzen die Präpositionen mit den dazugehörigen Wörtern oder Wortgruppen. Schreib die Präpositionen neben den Satz.**

Beispiel: Auf der grünen Wiese krabbelt ein Käfer.　　　　**auf**

1. Mein Freund geht mit mir durch dick und dünn.　　　　.......................................

2. Bei diesem herrlichen Frühlingswetter bleibt man nicht zu Hause.　　.......................................

3. Wegen der großen Nachfrage musste nachbestellt werden.　　.......................................

4. Der Wettbewerb fand unter äußerst widrigen Umständen statt.　　.......................................

5. Den letzten Nachrichten zufolge ist mit Gewittern zu rechnen.　　.......................................

6. Von frühester Jugend an nimmt sie Klavierunterricht.　　.......................................

7. Deine Schwester könnte mir gegenüber etwas netter sein.　　.......................................

8. Seit gestern haben wir einen kleinen Hund.　　.......................................

9. Lisa trifft auf ihrem Schulweg alle ihre Freundinnen.　　.......................................

10. Nach der Schule wird sie von ihrer Mutter abgeholt.　　.......................................

11. Hier hat man sich der Straßenverkehrsordnung gemäß zu verhalten.　　.......................................

12. Paul fiel aus allen Wolken, als er von seiner Nominierung erfuhr.　　.......................................

13. Der Fußweg zum Badeplatz führt den Bach entlang.　　.......................................

14. Die Firma müsste von Rechts wegen ein kostenloses Ersatzteil liefern. ....

15. Trotz ihrer starken Erkältung kam Lisa zum Volleyballtraining. ....

16. Infolge der großen Trockenheit herrscht bereits Wassermangel. ....

17. Er war zeit seines Lebens ein engagierter Tierschützer. ....

18. Onkel Gustav sammelt neben Briefmarken auch alte Münzen. ....

19. Wir mussten wieder von vorn beginnen, weil wir unterbrochen wurden. ....

20. Aufgrund unserer guten Leistungen bleibt uns Zeit für Rollenspiele. ....

21. Ihrem Wunsch zufolge schenkten wir Mutter Blumen. ....

22. Die Gäste mussten innerhalb einer Stunde evakuiert werden. ....

110 Wähle die jeweils passenden Präpositionen aus und setze sie in den folgenden Sätzen ein.

mit, außerhalb, bei, wegen, während, auf, seit, um ... willen, aus, gegenüber, zuliebe, trotz, um, halber

1. Vater hat .... Versehen auf den falschen Knopf gedrückt.

2. Lisa ist .... einem Jahr unsere Klassensprecherin.

3. Die ganze Klasse freut sich schon .... den Schikurs.

4. Nur seinem Freund .... schaute sich Paul den Film ein zweites Mal an.

5. .... seiner schlechten Laune war Leo den ganzen Tag streitsüchtig.

6. .... des lieben Friedens .... schwiegen wir alle.

7. Großvater ist .... seines hohen Alters .... guter Gesundheit.

8. In der Pause dürfen wir uns nicht .... der Schule aufhalten.

9. Bei uns beginnt der Unterricht immer .... acht Uhr.

10. Der Ordnung .... solltest du dich vorher abmelden.

11. Seinen Geschwistern .... ist er nicht immer nett.

12. Ich bin .... allem einverstanden, was du vorschlägst.

13. .... eines Gewitters bleibt man am besten im Auto sitzen.

(B) PRÄPOSITION UND FALL

Präpositionen bestimmen („regieren") **den Fall** des dazugehörigen Worts:

Präpositionen mit dem Genitiv:

anstatt, außerhalb, halber, innerhalb, kraft, mangels, mittels, oberhalb, unterhalb, zeit;
folgende Präpositionen können auch mit dem Dativ vorkommen: *dank, längs, laut, statt, trotz, während, wegen*

Präpositionen mit dem Dativ:

aus, außer, bei, binnen, entgegen, entsprechend, fern, mit, nach, nächst, nahe, nebst, samt, seit, von, zu;
folgende Präpositionen werden nachgestellt: *gegenüber, gemäß, zufolge, zuliebe*

Präpositionen mit dem Akkusativ:

bis, durch, für, gegen, ohne, um, wider, per, pro, je, betreffend

Präpositionen mit dem Dativ bei Lageangaben, Akkusativ bei Richtungsangaben:

an, auf, hinter, in, neben, über, unter, vor, zwischen

111 Unterstreiche die Präpositionen und entscheide, welchen Fall sie jeweils bestimmen. Streiche die falschen Lösungen durch.

Ein Tipp: Mit der **Ersatzprobe** lässt sich der Fall sicher bestimmen:
Ich komme <u>mit</u> dem Freund. (... mit **dir** ▸ **Dativ**)
<u>Mittels</u> einer Zange lässt sich die Schraube drehen. (mittels ein**es** Hammers ▸ **Genitiv**)
<u>Entgegen</u> deiner Befürchtung ging alles reibungslos. (entgegen dein**em** Gefühl ▸ **Dativ**)

1. Ich habe nichts gegen diesen Vorschlag.	*Genitiv*	*Dativ*	*Akkusativ*
2. Der Anstieg beginnt oberhalb der Bergstation.	*Genitiv*	*Dativ*	*Akkusativ*
3. Mit etwas Glück wird unsere Mannschaft siegen.	*Genitiv*	*Dativ*	*Akkusativ*
4. Bis zu diesem Zeitpunkt waren wir bereit zu warten.	*Genitiv*	*Dativ*	*Akkusativ*
5. Der Lehrerin gegenüber war unser Mitschüler Leo stets freundlich.	*Genitiv*	*Dativ*	*Akkusativ*
6. Das Gewitter brach innerhalb einer Stunde aus.	*Genitiv*	*Dativ*	*Akkusativ*
7. Er konnte den Streit kraft seiner Autorität beilegen.	*Genitiv*	*Dativ*	*Akkusativ*
8. Der Hinweis wurde ohne Widerspruch zur Kenntnis genommen.	*Genitiv*	*Dativ*	*Akkusativ*
9. Bis Weihnachten habe ich alle meine Geschenke gekauft.	*Genitiv*	*Dativ*	*Akkusativ*
10. Am leichtesten erreicht man mich um die Mittagszeit.	*Genitiv*	*Dativ*	*Akkusativ*
11. Für eine gute Pizza braucht man Tomaten und Käse.	*Genitiv*	*Dativ*	*Akkusativ*
12. Er beschmierte die Plakatwand aus reinem Mutwillen.	*Genitiv*	*Dativ*	*Akkusativ*
13. Anstatt einer Entschuldigung bekam man Vorwürfe zu hören.	*Genitiv*	*Dativ*	*Akkusativ*

14. Er gab mir durch die Blume zu verstehen, dass …	*Genitiv*	*Dativ*	*Akkusativ*
15. Diese CD bekam ich von meiner Schwester.	*Genitiv*	*Dativ*	*Akkusativ*
16. Außer meinen Eltern weiß darüber niemand Bescheid.	*Genitiv*	*Dativ*	*Akkusativ*
17. Binnen einer Woche mussten die Bücher zurückgegeben werden.	*Genitiv*	*Dativ*	*Akkusativ*
18. Wir verständigten uns per Mobiltelefon.	*Genitiv*	*Dativ*	*Akkusativ*
19. Der Vollständigkeit halber wurde auch Nebensächliches besprochen.	*Genitiv*	*Dativ*	*Akkusativ*
20. Den Statuten gemäß braucht der Verein einen Obmann.	*Genitiv*	*Dativ*	*Akkusativ*
21. Es kam dank deiner Bemühungen zu einem guten Abschluss.	*Genitiv*	*Dativ*	*Akkusativ*
22. Die Kandidatin lässt sich durch Zwischenrufe nicht stören.	*Genitiv*	*Dativ*	*Akkusativ*
23. Sie ist nicht aus der Ruhe zu bringen.	*Genitiv*	*Dativ*	*Akkusativ*
24. Viele Menschen leben bei uns fern ihrer Heimat.	*Genitiv*	*Dativ*	*Akkusativ*

112 **Lageangabe (*Wo?*) oder Richtungsangabe (*Wohin?*)? Setze die fehlenden Endungen ein und streiche das nicht zutreffende Frageadverb durch!**

1. Die Lehrerin schreibt die schwierigen Wörter an d...... Tafel.	*Wo?*	*Wohin?*
2. Die Wörter an d...... Tafel werden ins Heft eingetragen.	*Wo?*	*Wohin?*
3. Die Kinder sitzen auf d...... Treppe und warten.	*Wo?*	*Wohin?*
4. Paula fühlt sich in ein...... Hose am wohlsten.	*Wo?*	*Wohin?*
5. Interessant ist, was zwischen d...... Zeilen steht.	*Wo?*	*Wohin?*
6. Ein Ball rollte unter d...... Auto.	*Wo?*	*Wohin?*
7. Wie viele Besucher und Besucherinnen passen in unser...... Festsaal?	*Wo?*	*Wohin?*
8. Ich stellte mich zwischen d...... beiden Kampfhähne.	*Wo?*	*Wohin?*
9. Zu Allerheiligen gehen wir auf d...... Friedhof.	*Wo?*	*Wohin?*
10. Mutter kauft das Gemüse auf d...... Markt.	*Wo?*	*Wohin?*
11. Hinter unser...... Haus kann man gut Ball spielen.	*Wo?*	*Wohin?*
12. Bei der Kassa stellte ich mich hinter ein...... alten Herrn an.	*Wo?*	*Wohin?*

(C) DER EINSATZ DER PRÄPOSITIONEN

Präpositionen können auf zwei verschiedene Arten verwendet werden:

1 um **lokale, temporale, modale** oder **kausale** Verhältnisse zu beschreiben:

*Der Tormann wirft sich **auf** den Ball. (Wohin?) – **Nach** einer Schrecksekunde jubeln die Fans. (Wann?) – **Mit** wilden Verrenkungen kann er die Situation retten. (Wie?) – **Wegen** einer Schulterverletzung hat er Schmerzen. (Warum?)*

2 wenn ein **Nomen**, ein **Verb** oder ein **Adjektiv** eine präpositionale Fügung verlangt:

*Unsere **Sorge um** eine gesunde Umwelt ist berechtigt. Wir **sorgen uns um** die Umwelt. Jeder Einzelne ist **für** eine saubere Umwelt **verantwortlich**.*

113 **Setze in folgenden Sätzen die jeweils passende Präposition ein. Du hast immer zwei Präpositionen zur Auswahl.**

1. Wer kümmert sich bei unserem Fest .... die Getränke? *(um – für)*

2. Unsere Lehrerin hat kein Mitleid .... faulen Schülerinnen und Schülern. *(mit – gegen)*

3. Der Lehrer appelliert .... alle, pünktlich zu sein. *(gegen – an)*

4. Wir erklären uns solidarisch .... den Atomgegnern. *(mit – bei)*

5. Lisa musste .... ihren Leichtsinn büßen. *(für – über)*

6. Unsere Freude .... den schulfreien Tag war groß. *(über – nach)*

7. Das Misstrauen dem Fremden .... war berechtigt. *(zuliebe – gegenüber)*

8. Mutters neues Parfüm duftet .... Rosen. *(nach – vor)*

9. Unser Lehrer besteht .... diesem Termin. *(auf – für)*

10. Einige Schülerinnen machten .... dem Wettbewerb mit. *(an – bei)*

11. Sie entschlossen sich .... einer eher unüblichen Taktik. *(zu – für)*

12. Paul ist .... jedem Unfug bereit. *(zu – für)*

13. Die Behörde gab ihre Einwilligung .... einer Ortsumfahrung. *(für – zu)*

14. Es besteht kein Zweifel .... der Sinnhaftigkeit des Projekts. *(für – an)*

15. In meiner Aufregung war ich unfähig .... einem klaren Gedanken. *(zu – für)*

16. Deine Anspielung .... unseren gestrigen Streit ist nicht fair. *(gegen – auf)*

17. Wir waren sehr .... einem Museumsbesuch interessiert. *(für – an)*

18. Pauls Mutter lebt getrennt .... ihrem Mann. *(mit – von)*

19. Der Bergsteiger konnte seinen Freund .... dem Absturz retten. *(vor – von)*

20. Paul ist .... meine Schwester verliebt. *(in – mit)*

21. Meine Eltern haben sich .... den Verkauf des Autos entschieden. *(für – zu)*

22. Niemand hat Schuld .... der Niederlage. *(an – für)*

23. Alle kennen Lisas Abneigung .... den Schwimmunterricht. *(für – gegen)*

114 Bei manchen Verben sind verschiedene Präpositionen möglich. Es ändert sich dann ihre Bedeutung. Setze die passenden Präpositionen ein.

1. Die Polizei sorgt .... Ruhe und Ordnung. (= *gewährleistet*)

2. Mutter sorgt sich .... Großmutters Gesundheit. (= *macht sich Sorgen*)

3. Das Auto besteht zum größten Teil .... Kunststoff. (= *ist gemacht*)

4. Meine Eltern bestehen .... einem ausführlichen Bericht. (= *beharren*)

5. Niemand rechnete .... Onkel Siegberts Besuch. (= *erwartete*)

6. Lisa rechnet meine Schwester .... ihren Freundinnen. (= *zählt dazu*)

7. Die Mutter ruft uns .... Essen. (= *fordert auf, holt*)

8. Das kleine Kind ruft .... der Mutter. (= *verlangt*)

9. .... seinem Verhalten kann man schließen, dass er nicht einverstanden ist. (= *folgern*)

10. Der Vortrag schloss .... einem Aufruf zu mehr Zivilcourage. (= *endete*)

11. Es steht nicht gut .... Herrn Bergers Gesundheit. (= *sieht aus*)

12. Der Name unserer Schule steht .... Qualität. (= *ist stellvertretend*)

13. „Ich stehe .... meiner Ausage", gab der Zeuge zu verstehen. (= *widerrufe sie nicht*)

14. Die Polizei hat einen Verdacht, wer .... den Anschlägen steht. (= *anstiftet*)

15. Ein neuer Fernseher kommt .... etwa 1000 Euro. (= *kostet*)

16. Bei Geldspekulationen ist er .... seine gesamten Ersparnisse gekommen. (= *hat verloren*)

Das Prädikat

(A) DAS PRÄDIKAT ALS KERN DES SATZES

Vom Prädikat hängt es ab, welche Satzglieder für einen Satz unbedingt nötig sind:

schlafen braucht nur ein **Subjekt**: `Das Baby` *schläft*.

begleiten braucht ein **Subjekt** und ein **Akkusativobjekt**: `Ich` *begleite* `dich`.

schenken braucht ein **Subjekt**, ein **Dativobjekt** und ein **Akkusativobjekt**: `Paul` *schenkt* `seinem Freund` `eine CD`.

achten braucht ein **Subjekt** und ein **Präpositionalobjekt**: `Viel zu wenige` *achten* `auf ihre Gesundheit`.

wohnen braucht ein **Subjekt** und eine **Ortsergänzung** (= lokales Adverbiale): `Unsere Bekannten` *wohnen* `auf dem Land`.

115 **Trage die zu den Prädikaten passenden Satzglieder in die Tabelle ein, sodass sinnvolle Sätze entstehen.**

Subjekte: *Daniel, alle Wintersportlerinnen, der Hahn, der Schaden, die Übungen, wer, der Fußboden, ich, du, wir, die Polizistin, ihr, der Lehrer, mein Vorschlag*
Dativobjekte: *meinen Eltern, den Kindern, dir, den Schülerinnen*
Akkusativobjekte: *mich, die Ersatzprobe, keine Probleme, ein Mail, Paul und Leo, gar nichts, den Verkehr*
Präpositionalobjekte: *aus Unachtsamkeit, auf eine Idee, über die Verspätung, zu seinen Freunden, auf Schnee, um den kleinen Hund*

Subjekt	Prädikat	Dativobjekt	Akkusativobjekt	Präpositionalobjekt
1.	erklärt			
2.	ärgern uns			
3.	schreibe			
4.	gefiel			
5.	warten			
6.	entstand			.
7.	kräht			
8.	bereiten			
9.	knarrt			
10.	kümmert sich			
11.	bringst			
12.	zählt			
13.	wisst			
14.	regelt			

(B) DIE ÜBEREINSTIMMUNG VON SUBJEKT UND PRÄDIKAT

Beachte vor allem:

1 Die **Personalform des Prädikats** steht im **Plural**, wenn das **Subjekt** aus **zwei** oder **mehreren Teilen** besteht:

Hunde, Katzen und Meerschweinchen **sind** *in unserem Haus unerwünscht.*
Freude und Begeisterung **beflügelten** *alle bei ihrer Arbeit.*

2 Die **Personalfom des Prädikats hängt vom Satzgliedkern des Subjekts ab** und nicht von seinen Attributen:

Eine Gruppe engagierter Jugendlicher **kümmerte** sich um die Flüchtlingskinder.

116 **Setze die zur jeweiligen Personalform passenden Subjekte ein. Wähle aus folgender Liste aus:**

Daniel, ich, du, du, es, ihr, frische Luft, Lisa und Birgit, ich, ich, sie, wir, mein Freund, wir

1. „.................... bleibe lieber zu Hause, wenn .... so kalt ist", sagte .... zu mir.

2. „.................... könntest dich ja warm anziehen und mit uns mitkommen. ....

   ist gesund, und obendrein haben .... viel Spaß", gab .... ihm zu

   verstehen.

3. „Was habt .... vor?", fragte mich .... „Sind ....

   auch wieder dabei?"

4. „Ja, ... kommen auch mit. .... gehen gemeinsam eislaufen", verriet

   .... ihm. „Willst .... nicht doch mitkommen?"

117 **Steht die Personalform im Singular oder im Plural? Setze die richtige Verbform ein!**

1. Begeisterung für die Sache und Ausdauer .... nötig, damit das Projekt gelingen kann. (*ist/sind*)

2. Eltern und Lehrerinnen .... in gleicher Weise für kleinere Klassen ein. (*tritt/treten*)

3. Eine Herde aggressiver Elefanten .... die Touristen. (*bedrohte/bedrohten*)

4. Die Mehrheit der Bewohnerinnen dieses Landes .... unter bitterer Armut. (*leidet/leiden*)

5. Milde Winter und heiße Sommer .... die Gletscher zum Schmelzen. (*bringt/bringen*)

6. Vor der Reise .... eine Reihe von Fragen geklärt werden. (*musste/mussten*)

7. Die Zahl der Arbeitssuchenden .... in diesem Jahr etwas. (*sinkt/sinken*)

8. Gesundheit und Zufriedenheit .... zum Wohlbefinden bei. (*trägt/tragen*)

9. Eine Unmenge verdorbener Waren .... zurückgegeben werden. (*musste/mussten*)

10. Paul und seine Schwester Susanne .... sich für Hip-Hop. (*begeistert/begeistern*)

(C) EINTEILIGE UND MEHRTEILIGE PRÄDIKATE

1 Ein **einteiliges Prädikat** besteht nur aus der Personalform: *Der Polizist **regelt** den Verkehr.*

2 Ein **mehrteiliges Prädikat** besteht aus der **Personalform** und mindestens einer **infiniten Verbform** (Infinitiv oder Partizip II):

*Der Polizist **hat** den Verkehr **geregelt**.*
*Er **wird** den Verkehr **regeln**.*
*Er **muss (kann, soll, will ...)** den Verkehr **regeln**.*
*Er **verspricht** den Verkehr **zu regeln**.*
*Er **wird/dürfte** den Verkehr **geregelt haben**.*

 Achtung: Die Stellung der Personalform im Satz hängt von der **Satzart** (▶ Seite 97) ab.

118 **Unterstreiche in folgenden Sätzen die Prädikate und entscheide, ob es sich jeweils um ein einteiliges (E) oder mehrteiliges (M) Prädikat handelt.**

1. Herr Franz hatte sich einen lila Hut gekauft. (.........)

2. „Wie kommst du auf die Idee, dir so etwas Scheußliches zu kaufen! (............)", zeterte Franziska Franz, seine Frau. (.........)

3. „Ich kann diese fürchterliche Farbe nicht sehen! (..........)", schimpfte sie. (.........)

4. „Das war doch immer deine Lieblingsfarbe (...........)", verteidigte sich Herr Franz. (..........)

5. „Da dürftest du dich gewaltig geirrt haben. (..........) Ich verabscheue diese Farbe spätestens seit dem Tag (...........), an dem du mit dem fürchterlichen Stück nachhause gekommen bist. (...........) Das war ja ein richtiger Schock für mich! (............)", machte sich Frau Franz Luft. (...........)

6. „So schlimm wird es schon nicht gewesen sein. (............) Übrigens, ich nehme den Hut nur dann (.............), wenn ich alleine unterwegs bin (.............)", versuchte Herr Franz seine Frau zu beruhigen. (.............)

7. Frau Franz musste hellauf lachen (..............) und sie fragte sich (...........), was die Nachbarn wohl zu dieser fürchterlichen Neuerwerbung ihres Mannes sagen würden. (.............)

8. „Gut. Aber nur eines möchte ich noch wissen (..........)", sagte sie halb resignierend. (..........)

9. „Warum ist dieses Stück für dich so wichtig?" (..........)

10. „So einen lila Hut werde ich nie mit einem anderen verwechseln. (..........) Und das erspart mir viel Ärger." (............)

11. „Da hättest du ja auch eine schönere Farbe nehmen können (...........)", meinte Frau Franz.

(D) DER VERBZUSATZ ALS TEIL DES PRÄDIKATS

Ist das Prädikat eine **trennbare Verbzusammensetzung**, „zerfällt" es in zwei Teile, wenn die Personalform an erster oder zweiter Stelle steht. Den zweiten Teil des Prädikats nennt man **Verbzusatz**. Er steht am Ende des Satzes und bildet mit dem ersten Teil des Verbs eine **Satzklammer**:

mitmachen: Alle Schülerinnen und Schüler ***machen*** bei dem Preisausschreiben ***mit.***

| ***Machst*** | du auch | ***mit?*** |
| ***Mach*** | doch bitte | ***mit!*** |

Satzklammer

119 **Unterstreiche in folgenden Sätzen die Prädikate und achte besonders auf die Verbzusätze. Schreib die Nennform der Prädikate neben jeden Satz.**

Beispiel: Wir alle **nehmen** am Preisausschreiben **teil.**   **teilnehmen**

1. Was schlägst du deinen Freunden vor? ....

2. Das Gartenfest findet bei jedem Wetter statt. ....

3. Geht deine große Schwester auch hin? ....

4. Einigen Schülerinnen stehen noch unangenehme Prüfungen bevor. ....

5. Wir geben unsere Geheimnisse nicht so rasch preis. ....

6. Nach einer kurzen Pause fuhr er mit seinem Vortrag fort. ....

7. Niemand setzte sich mit dem Problem ernsthaft auseinander. ....

8. Einigen Schülern kam vergangene Woche der Taschenrechner abhanden. ....

9. Viele laufen lieber im Freien als in einer Eishalle eis. ....

10. Beim ersten Mal schlugen sämtliche Versuche, dich über SMS zu erreichen, fehl. ....

11. Frau Holle schüttelt die Betten aus, damit es bei uns schneit. ....

12. In der Nacht nimmt man mehr Geräusche wahr als am Tag. ....

13. An besonders hektischen Tagen steht die ganze Firma kopf. ....

14. Die Lehrerin wies gestern einige faule Schüler und Schülerinnen zurecht. ....

15. In den armen Ländern tut Hilfe wirklich not. ....

16. Bei diesem tollen Konzert nahmen wir auch mit schlechten Plätzen vorlieb. ....

17. Der Händler kam seinem Kunden mit einem Preisnachlass entgegen. ....

18. Wie bereitet man eine gesunde Gemüsesuppe zu? ....

19. Kennt ihr euch alle bei der Hausübung aus? ....

20. Die Wanderer gingen einige Kilometer den Bach entlang. ....

Das Subjekt

Das Subjekt erkennst du daran, dass es im **Nominativ** steht. Du fragst nach dem Subjekt mit den Interrogativpronomen (Fragepronomen) **wer?** oder **was?** – Eine sehr brauchbare Hilfe zur Bestimmung des Subjekts ist die **Ersatzprobe** mit den Personalpronomen **er/sie/es**:

*In der Pause unterhält sich **Lisa** mit ihrer Freundin.*   ***Wer** unterhält sich? ▶ **sie***

120 **Setze in folgenden Sprichwörtern die passenden Subjekte ein.**

was ich nicht weiß, Kinder und Narren, wer andern eine Grube gräbt, eine Schwalbe, der Ton, frisch gewagt, der Faule, man, Morgenstund, der Dritte, Hunger, die Axt im Haus, kein Meister, Lügen

1. .... hat Gold im Mund.

2. .... ist der beste Koch.

3. ...., fällt selbst hinein.

4. .... macht noch keinen Sommer.

5. Es ist noch .... vom Himmel gefallen.

6. .... sagen immer die Wahrheit.

7. .... haben kurze Beine.

8. Wenn sich zwei streiten, freut sich ....

9. .... erspart den Zimmermann.

10. ...., macht mich nicht heiß.

11. Durch Schaden wird .... klug.

12. .... macht die Musik.

13. Am Abend wird .... fleißig.

14. .... ist halb gewonnen.

121 *Was* **geschieht?** *Wer* **macht so etwas? Setze die inhaltlich passenden Subjekte ein.**

ein unerwartet starker Wolkenbruch, er, der Briefträger, die Balken, viele Anmeldungen zum Bühnenspielkurs, ein heftiger Sturm, die Bürgermeisterin, eine aufmerksame Polizistin, die Begeisterung der Zuschauer, der Schnellzug aus Wien, jede(r); ein Hund, der viel bellt; unsere Hausärztin

1. Jeden Tag bringt uns .... die Post und viel Werbematerial.

2. .... lügt, dass sich .... biegen.

3. .... führte zu Überschwemmungen.

4. .... liegen bereits vor.

5. .... übertraf alle Erwartungen.

6. Wie immer eröffnet .... die Gemeinderatssitzung.

7. Gegen meinen Husten verschrieb mir .... einen Hustensaft.

8. Bei einer Routinekontrolle stieß .... auf die geraubten Juwelen.

9. Mit zehn Minuten Verspätung fuhr .... in den Bahnhof ein.

10. ...., beißt in der Regel nicht.

11. .... entwurzelte Bäume und deckte Häuser ab.

12. Nach einem langen Winter freut sich .... auf die ersten wärmenden Sonnenstrahlen.

122 Unterstreiche in folgendem Text die Subjekte. Achte dabei auch auf ihre Vollständigkeit.

1. Es war einmal ein König von Persien namens Chosru Schah.
2. Dieser hatte die Gewohnheit, häufig des Nachts verkleidet mit seinem Großwesir in den Straßen der Hauptstadt umherzuwandern.
3. Auf diese Weise beobachtete er unerkannt das Leben und Treiben seiner Untertanen.
4. So konnte er sich auch über deren Wünsche und Beschwerden unterrichten.
5. Bei diesen nächtlichen Gängen stießen ihm die sonderbarsten Abenteuer zu.
6. Eines Abends verließ er wieder einmal in Begleitung seines Großwesirs seinen Palast.
7. Beide streiften als Kaufleute verkleidet durch die Straßen der Stadt.
8. Als die Dunkelheit schon ziemlich vorgeschritten war, kamen sie in ein armseliges Stadtviertel.
9. Aus einem kleinen, unscheinbaren Hause drang ein Lichtschimmer durch die Spalte der Tür.
10. Laute Stimmen waren zu hören.
11. Neugierig näherte sich der König der Tür und blickte durch die Ritze.
12. Da sah er drei schöne Schwestern im Zimmer sitzen.
13. Sie waren nach dem Abendessen in angeregtem Geplauder begriffen.
14. Er legte sein Ohr an die Tür, um zu hören, worüber die Frauen sich so eifrig unterhielten.
15. Da vernahm er, dass sie von ihren Wünschen sprachen.
16. „Mein sehnlicher Wunsch wäre", sagte die älteste von den dreien, „mit dem Hofbäcker vermählt zu sein.
17. Da hätte ich immer Brot zur Genüge.
18. Und ihr würdet platzen vor Ärger und Neid.
19. Lasst hören, ob ihr einen besseren Wunsch habt!"
20. „Und ich", sagte die zweite, „möchte den obersten Koch des Sultans zum Manne haben.
21. Welch feine Leckerbissen hätte ich da täglich!
22. Nun, Schwester, was sagst du dazu?
23. Ist mein Geschmack nicht noch besser als deiner?"
24. Die jüngste Schwester übertraf die beiden anderen an Schönheit, Witz und Verstand.
25. Nun kam die Reihe an sie.
26. „Mein größter Wunsch", sagte sie, „ist nicht mit euren Wünschen vergleichbar.
27. Mir liegt nichts an weißem Brot und leckeren Gerichten.
28. Ich möchte die Gattin des Sultans sein und ihm einen Sohn schenken.
29. Dieser müsste schön und edel sein.
30. Seine Locken müssten auf der einen Seite golden, auf der anderen silbern schimmern;
31. und seine Tränen sollten als Perlen über die Wangen fließen.
32. Wenn er seinen Mund zu einem Lächeln öffnete, müssten seine Lippen einer aufbrechenden Rosenknospe gleichen."
33. Der Sultan hatte mit wachsender Anteilnahme dem Gespräch der Schwestern gelauscht.
34. Namentlich die Worte der Jüngsten hatten ihm sehr gefallen.
35. So beschloss er, die Wünsche der drei Mädchen zu erfüllen.
36. Daher befahl er dem Großwesir, sich das Haus zu merken.
37. Am nächsten Morgen sollten alle drei vor seinem Thron erscheinen.

Die neidischen Schwestern. Märchen aus tausendundeiner Nacht. Ausgewählt und bearbeitet von Hedwig Smola. Hamburg (Cecilie Dressler Verlag) 2001

Die Objekte

(A) GENITIVOBJEKT, DATIVOBJEKT, AKKUSATIVOBJEKT

1 Das **Genitivobjekt (O2)** kannst du mit dem Fragewort *Wessen?* und den Ersatzwörtern *seiner, ihrer, dessen* bestimmen.

Eine derartig schwache Leistung spottet jeder Beschreibung.

▼

Wessen? seiner/ihrer/dessen

2 **Dativ- und Akkusativobjekte** unterscheidest du am sichersten mit den Ersatzwörtern *mir/dir* und *mich/dich*.

Dativobjekt (O3)	Akkusativobjekt (O4)
Paul hilft dem Vater.	*Lisa liest* einen Krimi.
▼	▼
mir/dir	*mich/dich*
Fragewort: *Wem?*	Fragewörter: *Wen? Was?*

---

123 **Unterstreiche in folgenden Sätzen die Genitivobjekte.**

1. Zu Allerheiligen gedenken wir der Toten.

2. Viele waren bereit, sich der verwaisten Kinder anzunehmen.

3. Es gibt keinen Anlass, sich dieser Tat zu rühmen.

4. Bei der Abstimmung enthielten sich einige der Stimme.

5. Sie entledigte sich ihrer Kleidung, da sie ein Bad nehmen wollte.

6. Die Einbrecher bemächtigten sich einer teuren Stereoanlage.

7. Nach den Protesten seiner Kollegen besann er sich eines Besseren.

8. Der König enthob den Minister aller seiner Ämter.

9. Der Vorsitzende wurde von den Delegierten seiner Pflichten entbunden.

10. Kinder sind sehr lange der Hilfe ihrer Eltern bedürftig.

11. Der Angeklagte sagte, er sei sich keiner Schuld bewusst.

---

124 **Unterstreiche in folgenden Sätzen die Dativobjekte. Überprüfe deine Entscheidung mit einem Ersatzwort.**

Beispiel: Wir drückten <u>unserer Mannschaft</u> die Daumen. (Ersatzwort: **dir**)

1. Der Chef dankte seinen Mitarbeitern für ihren großen Einsatz.

2. Die Ärztin empfahl dem Patienten dringend, die Diät ernst zu nehmen.

3. Der kleine Lukas eifert in allem seinem großen Bruder nach.

4. Eine Gruppe von Touristen folgte ihrem Reiseführer in die Burg.

5. Kaum jemandem entging, was dieser Mensch geleistet hat.

6. Wem gehört das Pfand in meiner Hand?

7. Das begeisterte Publikum jubelt seinem Idol vor dem ersten Auftritt zu.

---

8. Den beiden Kandidaten steht noch einiges bevor.

9. Nach der Knieoperation fällt meinem Vater das Aufstehen noch etwas schwer.

10. Auch den besten Köchen misslingt manchmal ein Gericht.

11. Als wir uns verabschiedeten, fiel Großvater noch etwas Wichtiges ein.

12. Paul ist sehr darum bemüht, den Mädchen zu imponieren.

13. Unsere Nachbarin gibt ihrem Mann in allem recht.

14. Kindern fällt es leichter, eine Fremdsprache zu lernen, als Erwachsenen.

15. Vielen war der Anstieg zum Gipfel zu mühsam und zu steil.

16. Der Frau kamen die Tränen, als sie von dem Unglück sprach.

17. Den Kindern machte es Spaß, die Tiere bei der Fütterung zu beobachten.

125 Unterstreiche in folgenden Sätzen die Akkusativobjekte. Überprüfe deine Entscheidung mit einem Ersatzwort.

Beispiel: Lisa vertreibt die Fliege aus ihrem Zimmer. (Ersatzwort: **mich**)

1. Paul öffnet das Fenster und lässt frische Luft ins Zimmer.

2. Die Kinder wollen keine Zeit verschwenden und beginnen sofort mit den Übungen.

3. Wer eine gute Idee hat, soll die Hand heben.

4. Stimmt es, dass viele Köche den Brei verderben?

5. Warum schüttelst du den Kopf. Hast du etwa eine bessere Idee?

6. Als meine Eltern die Schulbank drückten, gab es noch keine Computer in der Schule.

7. Wir hatten wenig Lust, uns den Film ein zweites Mal anzusehen.

8. „Können Sie mir diese Kamera empfehlen?", fragte der Kunde den Verkäufer.

9. Der Tourist kaufte dem Straßenhändler einige Souvenirs ab.

10. Es gab keine andere Möglichkeit; der Zahnarzt musste ihm den Zahn ziehen.

11. Frau Franz ließ sich kürzlich die Haare blond färben.

12. Frau Müller möchte sich ihre Haare wachsen lassen.

13. „Kennst du jemanden, der mir mein Fahrrad reparieren kann?", fragte Lisa ihre Freundin.

14. Wenn wir das Bild etwas vergrößern, sehen wir die Einzelheiten besser.

15. Nachdem er seinen Aufsatz gründlich durchgelesen hatte, gab er ihn ab.

16. Lisa macht es Spaß, die Menschen auf der Straße zu beobachten.

126 **Genitivobjekt (O2), Dativobjekt (O3) oder Akkusativobjekt (O4)? Bestimme in folgenden Sätzen die unterstrichenen Satzglieder.**

1. Von Astrid Lindgren hat Lisa schon <u>viele Bücher</u> gelesen. ....

2. Letzte Deutschstunde stellte sie <u>der Klasse</u> das Buch „Ronja Räubertochter" vor. ....

3. Sie erzählte <u>uns</u> von den verfeindeten Räuberbanden im Mattiswald. ....

4. Die Freundschaft zwischen Ronja und Birk hat <u>uns</u> sehr berührt. ....

5. Für einige aus der Klasse ist die Geschichte nicht neu, sie kennen bereits <u>den Film</u>. ....

6. Tim ist ein Angeber, der sich gerne <u>seiner Verdienste</u> rühmt. ....

7. Aber nur wenige nehmen <u>ihm</u> alles ab, was er erzählt. ....

8. <u>Seine „Ruhmestaten"</u> kennen wir alle sehr gut. ....

9. Wir sind uns <u>der Tatsache</u> bewusst, dass Tim gerne flunkert. ....

10. Keiner kann <u>Tim</u> böse sein, weil er ein lustiger Kerl ist. ....

11. „Hast du <u>Milch und Butter</u> gekauft?", fragte Frau Franz ihren Mann. ....

12. „Nein, Milch und Butter habe ich vergessen. Dafür bekommst du <u>Blumen</u>." ....

13. Frau Franz dankte <u>ihrem Mann</u> für den schönen Blumenstrauß. ....

14. Insgeheim aber machte sie sich <u>Gedanken</u> über seine Vergesslichkeit. ....

15. <u>Meinen Eltern</u> liegt viel an einer guten Ausbildung. ....

16. Er sei sich <u>keiner Schuld</u> bewusst, gab der Angeklagte zu verstehen. ....

17. Lisa ist <u>ihrer großen Schwester</u> in allem sehr ähnlich. ....

18. „Langsam habe ich <u>die ständigen Nörgeleien meines Chefs</u> satt", sagt Herr Franz. ....

19. Frau Franz rät <u>ihrem Mann</u>, sich nach einem anderen Job umzusehen. ....

20. <u>Herrn Franz</u> geht es besser, seit er mit seinem Chef gesprochen hat. ....

21. Mutter stellt für Paul <u>das Essen</u> warm, weil er später nach Hause kommt. ....

22. Ein Taschendieb beraubte einen Touristen <u>seiner gesamten Barschaft</u>. ....

23. Beim Verhör verriet ein Komplize <u>der Polizei</u> das Versteck. ....

24. <u>Der Feuerwehr</u> gelang es, den Brand unter Kontrolle zu bringen. ....

25. Alle sind schon neugierig, wer diesmal <u>das Rennen</u> gewinnt. ....

26. Einige Rennläufer bedienten sich schon einmal <u>unlauterer Hilfsmittel</u>. ....

27. Sie wollen um jeden Preis <u>den Sieg</u>, gefährden aber <u>ihre Gesundheit</u>. ....

28. „Du musst <u>eine Mütze</u> aufsetzen", sagte Mutter, „es weht ein kalter Wind." ....

29. Mutter bringt <u>Paul</u> die Mütze und den Schal. ....

30. <u>Paul</u> gefällt die Mütze nicht mehr, aber er setzt sie auf. ....

31. „Bekomme ich zum Geburtstag <u>eine neue</u>?", fragt er seine Mutter. ....

(B) DAS PRÄPOSITIONALOBJEKT – DIE VORWORTERGÄNZUNG

Die **Frage nach dem Präpositionalobjekt** enthält immer eine **Präposition**:

Lisa **denkt** oft *an ihre alte Lehrerin*.

▼

Präpositionalobjekt

Frage: *An wen* **denkt** Lisa oft?

▼

Präposition + Interrogativpronomen
bei Personen

Lisa **denkt** oft *an die Schule*.

▼

Präpositionalobjekt

Frage: *Woran* **denkt** Lisa oft?

▼

Pronominaladverb
bei Gegenständen u. Ä.

Nach dem Präpositionalobjekt (PO) kannst du **nicht mit *Wo?, Wann?, Wie?, Warum?* usw. fragen**. Die verwendete Präposition ist von einem Verb oder einem Adjektiv abhängig und bestimmt den Fall.

---

127 **Wähle die inhaltlich passenden Präpositionalobjekte aus und setze sie in folgende Sätze ein.**

> *auf den Schikurs, nach dem Frühling, zu den besten Mathematikerinnen, um ihre schönen Haare, von Leos Idee, an der Überparteilichkeit des Schiedsrichters, an einem neuen Roman, von seinen trüben Gedanken, mit unseren Leistungen, um seine Gesundheit, über etwas Unangenehmes, seinen Kollegen gegenüber, nach dem Weg zum Bahnhof, an dem günstigen Angebot, an Vitaminen, nach Keksen, von der langen Wanderung*

1. Die Freunde sind .... begeistert.

2. Nach einem langen Winter sehnen sich viele Menschen ....

3. Fast alle in unserer Klasse freuen sich ....

4. Keiner zweifelt ....

5. Stella beneidet ihre Schwester ....

6. Manchmal muss man auch .... sprechen.

7. Die Schriftstellerin schreibt ....

8. Der Lehrer ist .... zufrieden.

9. Lisa zählt .... an unserer Schule.

10. Der Fremde erkundigte sich ....

11. Der Besuch lenkte den Kranken .... ab.

12. Dieser Mitarbeiter verhält sich .... nicht immer korrekt.

13. Es steht nicht gut ....

14. Frisches Obst ist reich ....

15. Vater ist .... interessiert.

16. Müde .... kehrten die Wanderer in ihr Quartier zurück.

17. Vor Weihnachten duftet es im ganzen Haus ....

128 Unterstreiche in folgenden Sätzen die Präpositionalobjekte und entscheide, ob die jeweilige Präposition den Dativ (▸ PO3) oder den Akkusativ (▸ PO4) verlangt. Streiche die falsche Lösung durch!

Beispiel: Ich warte <u>auf eine Nachricht</u>.	~~PO3~~	PO4
1. Die Gäste beschwerten sich über das unfreundliche Personal.	PO3	PO4
2. Ich wette um eine Tafel Schokolade, dass ich recht habe.	PO3	PO4
3. Er lehnte es ab, sich auf fragwürdige Geschäfte einzulassen.	PO3	PO4
4. Mutter war von unserem Vorhaben wenig begeistert.	PO3	PO4
5. Unsere Nachbarin bat meine Mutter um einen Gefallen.	PO3	PO4
6. Ein beträchtlicher Teil des Autos besteht aus Kunststoff.	PO3	PO4
7. Der Verursacher des Unfalls hatte nicht auf den Verkehr geachtet.	PO3	PO4
8. Eine Verwandte kümmerte sich um den alten Mann.	PO3	PO4
9. Unser Nachbar regt sich über jede Kleinigkeit auf.	PO3	PO4
10. Es gibt keinen Anlass, an der Richtigkeit der Aussage zu zweifeln.	PO3	PO4
11. Die Genesung des Kranken ist von verschiedenen Faktoren abhängig.	PO3	PO4
12. Der Lehrer war von den Ideen seiner Schüler sehr angetan.	PO3	PO4
13. Die Eltern waren zu jedem Opfer bereit, ihr krankes Kind zu retten.	PO3	PO4
14. „Bist du immer noch böse auf mich?", fragte Lisa ihre Freundin.	PO3	PO4
15. Alle staunten über die faszinierenden Tricks des Zauberkünstlers.	PO3	PO4

129 Schreib die Fragewörter, mit denen du nach den Präpositionalobjekten fragst, neben die einzelnen Sätze. Achte darauf, ob es sich um Personen oder Gegenstände handelt.

1. Die Fahrgäste beschwerten sich <u>über die großen Zugsverspätungen</u>. ....

2. Viele Klassenkameraden beneiden ihn <u>um seine guten Noten</u>. ....

3. Lisa muss manchmal <u>auf ihre kleine Schwester</u> aufpassen. ....

4. Ich zweifle sehr <u>an der Richtigkeit der Angaben</u>. ....

5. Vater setzte sich bei der Neubestellung <u>für einen Kollegen</u> ein. ....

6. Im ganzen Haus riecht es <u>nach frischer Farbe</u>. ....

7. Wir sprachen gerade <u>über unseren neuen Mitschüler</u>, als er hereinkam. ....

8. Vater ist stolz <u>auf seine tüchtigen Kinder</u>. ....

9. Mutter ist müde <u>von der vielen Arbeit</u>. ....

10. Vater ließ sich <u>auf keine längere Diskussion</u> ein. ....

11. Uns liegt viel <u>an einem guten Verhältnis</u> zu unseren Nachbarn. ....

12. Die Kinder verabschiedeten sich <u>von ihrer Lehrerin</u>. ....

Die Gleichsetzungsglieder

1 Der **Gleichsetzungsnominativ (GN)** steht wie das **Subjekt** im **Nominativ**:

Subjekt		Gleichsetzungsnominativ
Mein kleiner Bruder	*ist*	*ein Schlaumeier.*

Infinitivprobe: *ein Schlaumeier sein*

Der Gleichsetzungsnominativ bezieht sich auf das Subjekt. Mit dem Gleichsetzungsnominativ kannst du die **Infinitivprobe** machen, nicht aber mit dem Subjekt. Er kommt nur bei den Verben ***sein, werden*** und ***bleiben*** vor.

2 Der **Gleichsetzungsakkusativ (GA)** steht wie das **Akkusativobjekt** im **Akkusativ**:

Subjekt		Akkusativobjekt	Gleichsetzungsakkusativ
Die Eltern	*tauften*	*ihren ersten Sohn*	*Lorenz.*

Der Gleichsetzungsakkusativ bezieht sich auf das **Akkusativobjekt**. Er kommt nur bei den Verben ***nennen, schelten, schimpfen, schmähen, heißen, rufen, taufen*** vor.

130 **Kläre mit der Infinitivprobe, ob in folgenden Sätzen die unterstrichenen Satzglieder Subjekte (S) oder Gleichsetzungsnominative (GN) sind.**

> *Beispiel:* Meine Mutter ist <u>eine gute Köchin</u>.   (eine gute Köchin sein: ► **GN**)
> <u>Meine Schwester</u> ist eine Katzenfreundin. (---: ► **S**)

1. Seit sie lesen kann, ist <u>Lisa</u> eine Leseratte.   (........*S*.........)

2. Paul möchte einmal <u>Pilot</u> werden.   (........*GN*.........)

3. <u>Nicht jeder</u> kann ein Mathematikgenie sein.   (........*S*.........)

4. Lea ist <u>unser Nesthäkchen</u> geblieben.   (........*GN*.........)

5. „Du bist <u>mein Schatz</u>", sagte er zu seiner Frau.   (........*GN*.........)

6. Was ich dir verrate, bleibt <u>ein Geheimnis</u>.   (........*GN*.........)

7. Das alte <u>Fabriksgebäude</u> wird ein Kulturzentrum.   (........*S*.........)

8. Matrei ist <u>ein verschlafenes Gebirgsdorf</u> geblieben.   (........*GN*.........)

9. Alle wissen, dass die Erde <u>ein Planet</u> ist.   (........*GN*.........)

10. <u>Mein Freund</u> ist ein guter Kopfrechner.   (........*GN*.........)

11. „Die Zauberflöte" ist <u>eine der bekanntesten Opern</u>.   (........*S*.........)

12. <u>Dein Geburtstag</u> ist ein Fixpunkt in meinem Kalender.   (........*GN*.........)

13. Die Liftkosten sind <u>eine Zumutung für Familien</u>.   (........*GN*.........)

14. Lisa bleibt weiterhin <u>Stellas beste Freundin</u>.   (........*S*.........)

15. „<u>Das</u> wird ein guter Apfelkuchen", sagte Mutter.   (........*GN*.........)

16. Vergiss nicht, dass du hier <u>Gast</u> bist", sagte Vater.

131 **Unterstreiche in folgenden Sätzen die Gleichsetzungsakkusative. Übertrage diese Sätze auch ins Passiv.**

Beispiel: Die Kollegen nannten ihn Joe. ▸ *Er wurde von den Kollegen Joe genannt.*

> ❗ **Beachte**, dass im **Passiv** nicht nur das *Akkusativobjekt*, sondern auch der *Gleichsetzungsakkusativ* zum *Nominativ* wird.

1. Unsere Nachbarn tauften ihre Erstgeborene Klara.

  ▸ ....

2. Ein Fußballfan schimpfte den Tormann einen Versager.

  ▸ ....

3. Ein Passant schalt den Autofahrer einen Rowdy.

  ▸ ....

4. Paul hieß Leo einen Dummkopf.

  ▸ ....

5. Frau Müller nennt ihren Mann Joschi.

  ▸ ....

6. Unsere Bekannten rufen ihren Kater Minko.

  ▸ ....

132 **Setze die passenden Verben ein, unterstreiche die Gleichsetzungsglieder und bestimme sie.**

bleibt, ruft, tauften, ist, wird, hieß, sind, bleiben, sind, werden, wurde, schimpfte, nannte

1. Stellas Vater .... demnächst Abteilungsleiter. (............)

2. .... das Mädchen auf diesem Foto Stellas Schwester? (............)

3. Lisa .... ihre Katze liebevoll Schnurrli. (............)

4. Die Lehrerin .... uns eine faule Bande. (............)

5. Unsere Bekannten .... ihren Jüngsten Benjamin. (............)

6. Bis Ende des Schuljahres .... Frau Berger unsere Deutschlehrerin. (............)

7. Ihre Kinder .... der größte Stolz der Familie Müller. (............)

8. Raupen .... einmal Schmetterlinge, falls sie nicht vorher gefressen werden. (............)

9. Ein Passant .... die Straßenmusikanten ein Gesindel. (............)

10. „Du musst unsere Klassensprecherin ....", sagten alle zu Lea. (............)

11. Insekten .... Tiere, die aus Eiern schlüpfen. (............)

12. Herr Franz .... den Abteilungsleiter einen Intriganten. (............)

13. Der junge Mann .... später ein bedeutender Staatsmann. (............)

Die Adverbiale – die Umstandsergänzungen

(A) Die Arten der Adverbiale

Je nachdem, worüber **Umstandsergänzungen Auskunft geben**, unterscheidest du:

Ortsergänzungen (OE): Sie geben Auskunft über Ort, Richtung, Herkunft, räumliche Distanz:

Meine Tante wohnt in Graz. **(Wo?)** *Wir fuhren zu ihr.* **(Wohin?)** *Meine Familie kommt auch aus Graz.* **(Woher?)**
Nach Graz sind es 200 km. **(Wie weit?)**

Zeitergänzungen (ZE): Sie geben Auskunft über Zeitpunkt, Zeitraum, Wiederholung:

Wir fuhren letzte Woche. **(Wann?)** *Wir wussten es seit einem Monat.* **(Seit wann?)** *Wir blieben bis zum Sonntag.* **(Bis
wann?)** *Leider konnten wir nur zwei Tage bleiben.* **(Wie lange?)** *Ich war schon dreimal in Graz.* **(Wie oft?)**

Artergänzungen (AE): Sie geben Auskunft über Art und Weise, Beschaffenheit, Menge, Intensität, Mittel:

Das Wetter war schön. **(Wie?)** *Wir fuhren mit dem Zug.* **(Auf welche Weise?)** *Die Fahrt kostete fünfzig Euro.* **(Wie viel?)**
Am liebsten fahren wir mit dem Zug. **(Wie sehr?)**

Begründungsergänzungen (BE): Sie geben Auskunft über Grund, Zweck, Bedingung:

Wegen einer Baustelle kamen wir verspätet an. **(Warum?)** *Um keine Zeit zu verlieren, fuhren wir sofort zur Wohnung.*
(Zu welchem Zweck?) *Bei fahrplanmäßiger Ankunft wären wir noch ein wenig bummeln gegangen.* **(Unter welcher
Bedingung?)** *Wir waren pünktlich trotz der schlechten Verkehrsverbindung.* **(Trotz welchen Umstands?)**

---

133 **In folgenden Sätzen sind die Umstandsergänzungen bereits unterstrichen. Bestimme sie
näher und suche die passenden Fragewörter.**

Beispiel: Die ganze Familie sitzt <u>vor dem Fernsehschirm</u>.　　　**Wo? ► OE**

1. <u>Neulich</u> gab es <u>bei uns in der Schule</u> einen Feueralarm.　　..

2. Wir mussten <u>rasch</u> unsere Klassen verlassen.　　..

3. <u>Über den Fluchtweg</u> ging es <u>ins Freie</u>.　　..

4. <u>In der Eile</u> konnte niemand eine Jacke mitnehmen.　　..

5. Alle standen <u>vor dem Schulgebäude</u> und warteten auf die Feuerwehr.　　..

6. Wir froren <u>ein bisschen</u>, aber es war nicht <u>schlimm</u>.　　..

7. <u>Allmählich</u> fragten wir uns, warum wir vom Brand nichts sehen konnten.　　..

8. Wir standen <u>eine Viertelstunde</u> <u>auf der Wiese</u>.　　..

9. Einige von uns wurden <u>unruhig</u>.　　..

10. <u>Plötzlich</u> kam ein Lehrer und schickte uns wieder <u>in unsere Klassen</u>.　　..

11. <u>Wegen eines Probealarms</u> hatten wir unsere Klassen verlassen müssen!　　..

12. Solche Aktionen seien <u>wichtig</u>, erklärte man uns <u>nachher</u>.　　..

---

134 **Erweitere folgende Sätze durch Umstandsergänzungen, die zur jeweiligen Frage passen. (Die Wortstellung kannst du dabei verändern.) Bestimme auch die Art der Umstandsergänzung.**

Beispiel: Lisa kommt nicht. *(Warum?)* ▸ **Wegen ihrer Knieverletzung** kommt Lisa nicht. (BE)

den ganzen Tag, langsam, morgen, wegen ihrer Vergesslichkeit, aus ihrem Zimmer, in der Eile, auf ihr Bett, nach der Schule, empört

1. Anna ging nach Hause. (Wann?) ....

2. Sie sperrte die Wohnungstür auf. (Wie?) ....

3. Da hörte sie Musik. (Woher?) ....

4. Sie lief in ihr Zimmer (Wie?) ....

5. Das Radio war eingeschaltet gewesen. (Wie lange?) ....

6. Sie hatte vergessen, es auszuschalten. (Warum?) ....

7. Erleichtert ließ sie sich fallen. (Wohin?) ....

8. Sie hätte sich beinahe aus der Fassung bringen lassen. (Weshalb?) ....

9. „Ich schalte das Radio sicher aus", (Wann?) sagte sie sich. ....

135 **Unterstreiche in folgenden Sätzen die Umstandsergänzungen und bestimme sie näher. Wende wenn nötig die Verschiebeprobe zur Abgrenzung von den anderen Satzgliedern an.**

1. Oberhalb von etwa 900 m scheint in den nächsten Tagen die Sonne.

2. Nur ein paar Schleierwolken ziehen über den Himmel.

3. Die Luft ist mild, der Wind bleibt meist schwach.

4. In den Nebelzonen treten verstärkt asthmatische Beschwerden auf.

5. Wegen des trüben Wetters leiden sensible Menschen häufig unter depressiven Verstimmungen.

6. Erschöpft, aber erleichtert zeigte sich am Samstagabend der Hubschrauberpilot im Krankenhaus.

7. Trotz erheblicher Verletzungen war er bei guter Laune, da er den Absturz überlebt hatte.

8. Wegen seiner schweren Verletzungen wird er noch längere Zeit im Krankenhaus bleiben müssen.

9. Aufgrund eines elektrischen Defekts gab es gestern Abend in einem Möbelgeschäft Brandalarm.

10. Die Feuerwehr arbeitete mit großem Einsatz und hatte den Brand nach einer Stunde gelöscht.

11. Aus Sicherheitsgründen blieben zwei Feuerwehrleute über Nacht im Gebäude.

12. Drei Wochen nach einem tödlichen Unfall kam es an derselben Stelle erneut zu einem Zusammenstoß.

13. Das Straßenstück ist übersichtlich, zweimal führte überhöhte Geschwindigkeit zu dem Unglück.

14. Bei Glatteis geschehen auf der Autobahn häufig schwere Unfälle.

(B) DIE FORMEN DER ADVERBIALE

Umstandsergänzungen können unterschiedlich lang sein und verschiedene Formen aufweisen:

1 Sie können **Adjektive** oder **Partizipien** sein:

Dieses Buch ist interessant.

Die Geschichte ist fesselnd.

Hier ist nur die Frage *Wie?* möglich –

also **Artergänzung** (AE)!

2 Sie können **Adverbien** (▶ Seite 66) sein:

*Überall liegt Laub. **Wo?*** ▶ OE

*Wir fürchteten uns sehr. **Wie?*** ▶ AE

*Gestern gab es einen Sturm. **Wann?*** ▶ ZE

*Wir blieben deshalb zu Hause. **Warum?*** ▶ BE

3 Sie können **präpositionale Fügungen (Vorwortfügungen)** sein:

*Paul kommt **vom** Fußballplatz. **Woher?*** ▶ OE

*Er trainiert **seit** Schulanfang. **Seit wann?*** ▶ ZE

*Er ist **mit** Freude dabei. **Wie?*** ▶ AE

Wegen** einer Verletzung musste er pausieren. **Warum? ▶ BE

4 Sie können **Nomen im Genitiv oder Akkusativ** (= adverbialer Genitiv oder Akkusativ) sein:

Akkusativ: *Sie lernt den ganzen Tag.* (ZE)

Genitiv: *Eines Tages kam ein Anruf von ihm.* (ZE)

Wir waren guten Mutes. (AE)

Ich schwimme eine Länge. (OE)

Er kam des Weges. (OE)

5 Sie können **Gliedsätze** (Adverbialsätze ▶ Seite 105), **Infinitivgruppen** (Seite 107) oder **Partizipialgruppen** (Seite 107) sein:

Sobald es zu regnen aufhört, gehen wir wieder hinaus. (ZE) *Wo Kinder spielen, ist es selten ruhig.* (OE)

Wild um sich schlagend, protestierte die Kleine. (AE) *Um ja nicht zu verschlafen, stellte ich den Wecker.* (BE)

136 **Erweitere folgende Sätze mit Umstandsergänzungen. Art und Form sind vorgegeben. Wähle aus der unten stehenden Liste aus. (Die Stellung der Satzglieder kannst du selbst bestimmen.)**

Beispiel: Onkel Theo kam. (ZE: präpositionale Fügung) ▶ **Am Sonntag** kam Onkel Theo.

sehr, mit großem Appetit, weil sie Geburtstag hatte, den ganzen Tag, besorgt, an deinem Geburtstag, in meinem Kühlschrank, gestern, über alle Maßen, um ihre Freundin nicht zu kränken

1. Frau Franz besuchte ihre Freundin Hanna. (ZE: Adverb)

2. Frau Franz brachte ihr Blumen und einen Kuchen. (BE: Gliedsatz)

3. Hanna freute sich über den Besuch und über die Blumen. (AE: Adverb)

4. Sie lobte den Kuchen. (AE: präpositionale Fügung)

5. Sie aß ein kleines Stück. (BE: Infinitivgruppe)

6. Frau Franz aß vier Stücke. (AE: präpositionale Fügung)

7. Hanna schaute ihr zu. (AE: Adjektiv)

8. Sie habe nichts gegessen, meinte Frau Franz. (ZE: adverbialer Akkusativ)

9. „Ich hätte etwas Gesünderes für dich gehabt", sagte Hanna. (OE: präpositionale Fügung)

10. Frau Franz entgegnete: „Ich kann dir ja nicht Äpfel mitbringen." (ZE: präpositionale Fügung)

137 Erweitere auch diese Sätze durch passende Umstandsergänzungen. Gehe vor wie in Übung 136.

plötzlich, mit Interesse, kurz, belustigt, allein, um die frische Morgenluft ins Zimmer zu lassen, rasch, draußen, aus dem Haus, weil sie hinter dicken Wolken verschwunden war

1. Herr Franz öffnete das Fenster. (BE: Infinitivgruppe)

2. Er betrachtete den Himmel. (AE: präpositionale Fügung)

3. Die Sonne zeigte sich nicht. (BE: Gliedsatz)

4. Herr Franz schloss wieder das Fenster. (AE: Adjektiv)

5. Ihm fiel ein wichtiger Termin ein. (ZE: Adverb)

6. Er überlegte. (AE: Adjektiv)

7. Und schon lief er. (OE: präpositionale Fügung)

8. Seine Frau sah ihm nach. (AE: Partizip II)

9. Sie blieb daheim. (AE: Adverb)

10. Es regnete bereits. (OE: Adverb)

138 Bestimme Art und Form der unterstrichenen Umstandsergänzungen.

Beispiel: <u>Auf der Wiese</u> liegt ein Ball. = **OE (präpositionale Fügung)**

1. Paul denkt <u>oft</u> an seine Freunde aus der Volksschulzeit. = ...

2. Das Auto bog <u>rechts</u> ab und fuhr <u>in eine Nebenstraße</u>. = ...

3. „Bist du mir immer noch <u>böse</u>?", fragte Lisa <u>zerknirscht</u>. = ...

4. <u>Wegen einer kleinen Verletzung</u> geht man nicht ins Krankenhaus. = ...

5. „Diese Orangen kommen <u>aus Spanien</u>", sagte die Verkäuferin. = ...

6. „Wir sind nicht <u>zur Erholung</u> hier", sagte der Trainer. = ...

7. <u>Völlig erschöpft</u> verließ die Mannschaft das Fußballfeld. = ...

8. Das Getränk kostete <u>einen Euro</u>. = ...

9. „<u>Eines Tages</u> wirst du mich verstehen", sagte Vater. = ...

10. Wir mussten <u>zwei Stunden</u> auf das Flugzeug warten. = ...

11. Der Gast verließ das Haus, <u>ohne sich zu verabschieden</u>. = ...

12. <u>Überall</u> lag dicker Staub, sogar <u>auf den Fensterblumen</u>. = ...

13. Wir warteten, <u>bis alle fertig waren</u>. = ...

14. Ich bin <u>neugierig</u>, wer <u>diesmal</u> gewinnt. = ...

15. Viele Kinder werden <u>abends</u> <u>frisch und munter</u>. = ...

16. Es kam, <u>wie wir es befürchtet hatten</u>. = ...

17. Die Feriengäste wollten <u>bis Sonntag</u> bleiben. = ...

18. Wegen des Regens fuhren sie <u>am Freitag</u> <u>nach Hause</u>. = ...

19. Ein Gast blieb <u>trotz des Schlechtwetters</u> <u>hier</u>. = ...

20. <u>Mit Regenkleidung ausgerüstet</u> machte er lange Spaziergänge. = ...

21. Das sei <u>gesund</u>, sagte er <u>mit Überzeugung</u>. = ...

22. <u>Vor einem Test</u> gibt es <u>immer</u> viel zu lernen. = ...

23. Lisa passt im Unterricht <u>gut</u> auf, <u>um sich viel zu merken</u>. = ...

24. Die Hausübungen sind <u>dann</u> nicht mehr <u>schwierig</u>. = ...

25. Sie ist schnell <u>fertig</u> und hat <u>dadurch</u> mehr Freizeit. = ...

139 **Präpositionale Fügungen können Umstandsergänzungen oder Präpositionalobjekte (Seite 83) sein. Bestimme die unterstrichenen Satzglieder und begründe jeweils deine Entscheidung.**

Beispiel: Ich warte <u>auf eine Nachricht</u>. **(Worauf? ▶ PO4)**   Ich sitze <u>auf der Bank</u>. **(Wo? ▶ OE)**

1. Dieses Foto erinnert mich <u>an meinen ersten Wandertag</u>. ....

2. Unsere Lehrerin schrieb wichtige Merksätze <u>an die Tafel</u>. ....

3. Im ganzen Haus duftete es <u>nach Lebkuchen</u>. ....

4. <u>Nach dem Essen</u> soll man ruhn oder tausend Schritte tun. ....

5. Ich bin <u>mit meiner Deutschnote</u> sehr zufrieden. ....

6. <u>Mit einem mulmigen Gefühl</u> warteten wir auf die Ergebnisse. ....

7. <u>Vor dem Einschlafen</u> liest Paul immer noch ein bisschen. ....

8. Als ich klein war, fürchtete ich mich <u>vor dem Krampus</u>. ....

9. Unsere Lehrerin regt sich oft <u>über unsere Schlampigkeit</u> auf. ....

10. Alle sprachen <u>über den Sieger des Songcontests</u>. ....

11. Seine Freunde freuten sich <u>über alle Maßen</u>. ....

12. <u>Über meinem Bett</u> hängt das Bild meines Idols. ....

13. Klara ist <u>in Leos großen Bruder</u> verliebt. ....

14. „Ich bin <u>in einer Stunde</u> wieder zurück", versprach Vater. ....

15. „<u>In meiner Schultasche</u> hat nichts mehr Platz", sagte Leo. ....

16. Eine alte Frau bat mich <u>um einen Gefallen</u>. ....

17. <u>Um zwölf Uhr</u> gibt es bei uns das Mittagessen. ....

18. Meine Schwester beneidet mich <u>um meine langen Haare</u>. ....

19. Diese saftigen Äpfel kommen <u>aus der Steiermark</u>. ....

20. Frisches Obst besteht <u>aus wertvollen Vitalstoffen</u>. ....

21. <u>Aus Mitleid</u> nahm diese Frau eine Flüchtlingsfamilie auf. ....

Das Attribut – die Beifügung

(A) STELLUNG UND FORMEN DER ATTRIBUTE

Zur Erinnerung: Das Attribut ist ein **Teil des Satzglieds**!

1 Es kann **vor dem Satzgliedkern** (im Vorfeld) stehen:

Das ist ein überzeugendes Argument.   *Leos Argumente überzeugen wenig.*

2 Es kann **nach dem Satzgliedkern** (im Nachfeld) stehen:

Die Sehnsucht der Menschen/nach Frieden/in Frieden leben zu dürfen ist groß.

3 Es kann **verschiedene Formen** aufweisen:

*Ein **gutes** Gedächtnis* (**Adjektiv**); *das **verletzte** Knie* (**Partizip II**); *die **blutende** Wunde* (**Partizip I**);
Mutters** Geburtstag* (**Genitiv**); *das Bedürfnis **nach Zuwendung (**präpositionale Fügung**);
*ein Tag **wie dieser*** (**konjunktionale Fügung**); ***sehr** schön / der Hund **dort** / hier **vorne*** (**Adverb**);
*unser Hund, **ein junger Dackel**, ...* (**Apposition**); *Waldi, **er ist unser neuer Hund**, ...* (**eingeschobener Satz**);
*das Bewusstsein, **alles gut vorbereitet zu haben*** (**satzwertiger Infinitiv**);
*ein Kind, **das häufig krank ist**, ...* (**Relativsatz**);
*vor vielen Jahren, **als das Wünschen noch geholfen hat**, gab es ...* (**Gliedsatz**).

140 Erweitere die unterstrichenen Satzglieder durch die angegebenen Attribute. Die Klammern () zeigen dir an, wo das jeweilige Attribut stehen soll. Schreib die Sätze in dein Übungsheft.

1. <u>Auf dem Weg ()</u> traf Lisa <u>ihre () Deutschlehrerin</u>.   *(zur Schule; ehemalige)*

2. <u>Frau Haller ()</u> unterrichtet jetzt an einer anderen Schule.   *(eine lustige junge Lehrerin)*

3. <u>Damals ()</u> war Lisa <u>() traurig</u>.   *(als Frau Haller die Schule verlassen hatte; sehr)*

4. <u>Die Angst ()</u> war nicht berechtigt.   *(nun eine langweilige Lehrerin zu bekommen)*

5. <u>Die Umstellung ()</u> fiel Lisa nicht schwer.   *(auf ihre neue Deutschlehrerin)*

6. <u>Die () Deutschlehrerin</u> ist ebenfalls lustig, aber nicht mehr <u>() jung</u>.   *(neue; ganz)*

7. Herr Franz geht in seine Buchhandlung, um <u>die () Bücher</u> abzuholen.   *(bestellten)*

8. <u>Der Buchhändler ()</u> zeigt Herrn Franz <u>einige () Neuerscheinungen</u>.   *(ein guter Freund; interessante)*

9. Herr Franz nimmt aber nur <u>die Bücher ()</u>.   *(die er bestellt hat)*

10. <u>Der Platz ()</u> wird schon <u>() knapp</u>.   *(in seinem Bücherregal; ziemlich)*

11. <u>Die Bücher ()</u> stapeln sich auch schon.   *(auf seinem Schreibtisch)*

12. Herr Franz kann <u>über den Inhalt ()</u> viel erzählen.   *(seiner Bücher)*

13. <u>Die meisten ()</u> hinterließen <u>einen () Eindruck</u>.   *(von ihnen; bleibenden)*

141 Bestimme nun auch die Form der Attribute aus Übung 140.

142 Wähle das jeweils passende Attribut aus und erweitere damit die unterstrichenen Satzglieder. (Die Form der Attribute ist in Klammern angegeben.)

Beispiel: Der Ausflug war schön. (Adverb: Der Ausflug **gestern** ...)

---

mehrerer Autos, seiner Großmutter, Pauls, auf der Straße, aufgeregte, überaus, vor der Mathematikschularbeit, gellenden, schwere, mit Blaulicht, in dem seine Großmutter wohnt, ein netter alter Herr

---

1. Gedanken kreisen um die nächste Mathematikschularbeit. (Genitiv: Pauls Gedanken ....)

2. Er verlässt langsam das Haus. (Relativsatz: ....)

3. Gedankenverloren geht er am Nachbarn vorbei. (Genitiv: ....)

4. Herr Müller grüßt ihn, aber Paul reagiert nicht. (Apposition: ....)

5. Paul beachtet die Menschen nicht. (präpositionale Fügung: ....)

6. Sie haben es eilig. (Adverb: ....)

7. Viele tragen Einkaufstaschen. (Adjektiv: ....)

8. Plötzlich hört Paul einen Schrei. (Partizip I: ....)

9. Die Bremsen quietschen. (Genitiv: ....)

10. Ein Rettungsauto rast zur Unfallstelle. (präpositionale Fügung: ....)

11. Paul sieht Menschen. (Partizip II: ....)

12. Die Angst ist plötzlich verschwunden. (präpositionale Fügung: ....)

143 Mache hier dasselbe wie in Übung 142!

---

den ihr Anna geschrieben hatte, sehr, vor Kurzem, langen, ihrer Freundin, fröhlich lachende, auf ein Wiedersehen, alten, sie einmal zu besuchen, einer schönen alten Stadt, wenn nicht viel zu lernen ist

---

1. Lisa las aufmerksam den Brief. (Relativsatz: ....)

2. Die Aussicht machte sie froh. (präpositionale Fügung: ....)

3. Sie dachte an das Gesicht ihrer Freundin. (Partizipialgruppe: ....)

4. Sie hatte Anna lange nicht mehr gesehen. (Adverb: ....)

5. Den Wunsch hatte sie schon lange. (Infinitivgruppe: ....)

6. Lisa freute sich über die Einladung. (Genitiv: ....)

7. An einem Wochenende würde sie zu Anna fahren. (Adjektiv: ....)

8. Dann würde sie Anna besuchen. (Temporalsatz: ....)

9. Anna wohnt in Krems. (Apposition: ....)

10. Erst war Lisa mit ihren Eltern in Krems gewesen. (präpositionale Fügung: ....)

11. Vater hatte seinen Schulfreund besucht. (Adjektiv: ....)

144 **Stelle fest, ob das Attribut eine Apposition (A) oder ein Relativsatz (R) ist. Schreib deine Lösung in die Klammer neben dem Satz.**

> **Beachte:** *Attribute und Relativsätze stehen zwischen Beistrichen. Der Relativsatz hat aber ein Prädikat:*
>
> *Susi, meine Freundin, wird auch kommen.* **(A)**
> *Susi, die eine gute Läuferin ist, kommt auch.* **(R)**

1. Künstlerinnen sprechen oft von ihren Eltern, die ihre Begabung gefördert haben. (................)

2. Die Mozartkugel, ein Konfekt aus Schokolade und Marzipan, gab es zu Mozarts Zeiten nicht. (................)

3. Salzburg, die Geburtsstadt Mozarts, feierte 2006 ihren Komponisten. (................)

4. Mozart, der berühmteste Sohn der Stadt an der Salzach, zieht viele Touristen an. (................)

5. Viele Touristen, die im Sommer nach Salzburg strömen, besuchen auch die Festspiele. (................)

6. Leo, der ein guter Mathematiker ist, soll uns bei den schwierigen Aufgaben helfen. (................)

7. Herr Müller, unser Nachbar, ist ein äußerst geschickter Heimwerker. (................)

8. Er erzählt gerne von seinen Reisen, die abenteuerlich und interessant zugleich sind. (................)

9. Mein Lieblingsfahrzeug, das Fahrrad, steht im Winter im Keller. (................)

10. Frau Franz schenkte ihrem Mann, einem begeisterten Hobbygärtner, eine grüne Schürze. (................)

145 **Unterstreiche in folgenden Sätzen die Attribute und bestimme ihre Form.**

1. Großvaters Entschluss, nach Innsbruck zu fahren, stand fest.

2. Er wollte einen alten Freund, den er seit seiner Schulzeit kennt, wieder einmal sehen.

3. Sein Freund, ein passionierter Bergsteiger, würde mit ihm Touren ins Hochgebirge machen.

4. Das Wandern in den Bergen ist nicht nur wunderschön, es ist auch sehr gesund.

5. Großvater packte Bergschuhe und Wanderkleidung in seinen großen Rucksack und fuhr am frühen Morgen mit dem ersten Zug nach Innsbruck.

6. Er genoss die Fahrt mit der Eisenbahn, seinem alten Auto wollte er die Strecke nicht zumuten.

7. Für Fahrten wie diese bevorzugt Großvater die gemütlichere Eisenbahn.

8. Immer, wenn er mit dem Zug fährt, kauft er sich vorher die verschiedensten Zeitungen.

9. So wird ihm auf langen Fahrten nicht langweilig.

10. Sehr häufig aber trifft er jemanden, mit dem er ein angeregtes Gespräch führen kann.

11. Da ich Großvaters Interesse für Mineralien kenne, gab ich ihm ein schönes Buch mit.

12. Das würde er oben in den Bergen sehr gut gebrauchen können, sagte er mir.

13. Großvater versprach, besonders interessante Steine, die er auf den Bergen findet, mitzubringen.

(B) SATZGLIEDER MIT MEHREREN ATTRIBUTEN

Satzglieder können **mehrere Attribute** haben:

*Pauls Wunsch, **mit seinen Freunden eine Radtour zu machen**, ging in Erfüllung.*
*Er fuhr mit seinem **neuen** Rad, **das er zum Geburtstag bekommen hatte**.*
*Die Sorge **der Eltern um ihre Kinder** war unbegründet.*

Auch **Attribute** können weitere **Attribute** haben:

*Beim Test gab es **überaus ▸ erfreuliche ▸** Ergebnisse.*
*Die Bücher ◂ **auf dem Nachttisch** ◂ **meiner Mutter** stapeln sich.*

Zur Erinnerung: **Die Verschiebeprobe** hilft dir, Satzglieder gegeneinander abzugrenzen und zu erkennen, welche Attribute zu einem Satzglied gehören:

*Die Einbrecher kamen in der Nacht, **als alle schliefen**.*
*In der Nacht, **als alle schliefen**, kamen die Einbrecher.*

146 **Grenze in folgenden Sätzen die Satzglieder gegeneinander ab und unterstreiche die Attribute.**

1. Dort drüben, jenseits des Flusses, befindet sich ein großer Auwald.

2. Die Angst der Menschen vor Überschwemmungen besteht immer noch.

3. Das Leben der Menschen in dieser Gegend ist hart.

4. Regelmäßiger Aufenthalt an der frischen Luft schützt vor Krankheiten.

5. Christine Nöstlinger, eine Schriftstellerin, die vorwiegend für Kinder schreibt, hat auch sehr gute Gedichte verfasst.

6. Die Klagen der Menschen über die zunehmende Lärmbelästigung waren berechtigt.

7. Das heimische Team, das bisher noch kein Match verloren hat, muss mit einer starken gegnerischen Mannschaft rechnen.

8. Ein leises Gefühl von Wehmut beschlich sie beim Gedanken an ihre alte Schule.

9. Die Sitzung gestern, bei der es um die neue Aufgabenverteilung ging, dauerte zwei Stunden.

10. Zu ihrem zwölften Geburtstag bekam Susi eine schöne warme Jacke mit echtem Pelzfutter.

11. Der lange und äußerst unerfreuliche Konflikt zwischen den beiden Ländern konnte endlich durch die Vermittlung westlicher Diplomaten beigelegt werden.

12. Die Frage nach dem besten Buch des Jahres wurde von den Leuten unterschiedlich beantwortet.

13. Das kleine gelbe Haus rechts neben der Kirche soll abgerissen werden.

14. Hoch oben auf dem Turm gibt es eine Aussichtsplattform.

(C) DIE PRÄPOSITIONALE FÜGUNG: SATZGLIED ODER ATTRIBUT?

Zur Erinnerung:

- Eine präpositionale Fügung kann **Präpositionalobjekt** (Seite 83), **Umstandsergänzung** (Seite 89) oder **Attribut** sein.

- **Attribute** sind immer **Teile von Satzgliedern**.

- Die **Verschiebeprobe** hilft dir, Attribute von Präpositionalobjekten und Umstandsergänzungen zu unterscheiden. Attribute lassen sich nicht allein verschieben.

Beispiele:

*Ich **freue** mich immer über deinen Besuch.* ▶ *Über deinen Besuch **freue** ich mich ...*   = **PO**
*Die Brücke **führt** über den Fluss.* ▶ *Über den Fluss **führt** die Brücke.*   = **OE**

Aber nicht verschiebbar:
*Die Freude **über den Erfolg** war groß.* ▶ *Groß **war** die Freude **über den Erfolg**.*   = **Attribut**

147 Unterstreiche in folgenden Sätzen die präpositionalen Fügungen und stelle fest, ob es sich um Attribute, Umstandsergänzungen oder Präpositionalobjekte handelt.

1. „Ich bitte um Aufmerksamkeit", sagte die Lehrerin. ....

2. Der Unterricht beginnt um acht Uhr. ....

3. Ihre Bitte um mehr Verständnis stieß auf taube Ohren. ....

4. Die Scheu vor der neuen Umgebung konnten die Kinder rasch ablegen. ....

5. Viele Schaulustige warteten vor der Kirche. ....

6. Kleine Kinder fürchten sich oft vor der Dunkelheit. ....

7. Die Freude über die Geschenke war groß. ....

8. Wir sprechen nicht gerne über Unangenehmes. ....

9. Du erreichst uns über eine kleine Nebenstraße. ....

10. Keiner macht unter diesen Bedingungen noch länger mit. ....

11. Der Rucksack unter meinem Pult gehört vermutlich Leo. ....

12. Unter Freiheit versteht jeder etwas anderes. ....

13. Dort neben der Schule gibt es ein schönes Schwimmbad. ....

14. Seit Herbst sitzt Lisa neben Susanne. ....

15. Herr Müller schaut sich die Liste mit den wichtigsten Daten genau an. ....

16. Das teure Geschirr ist mit Vorsicht zu behandeln. ....

17. Wir sind mit den Ergebnissen sehr zufrieden. ....

18. Der Flug nach Athen ist meinen Eltern zu teuer. ....

19. Im Sommer fahren wir wieder nach Kroatien. ....

Der einfache Satz

Du kannst den einfachen Satz nach zwei Gesichtspunkten betrachten:

1 **Nach der Position der Personalform:** Hier unterscheiden wir zwischen

Kernsatz:	Die **Personalform** steht an **zweiter Stelle**.	▶ *Gestern **hat** es geschneit.*
Stirnsatz:	Die **Personalform** steht an **erster Stelle**.	▶ ***Gehen** wir rodeln?*
Spannsatz:	Die **Personalform** steht an **letzter Stelle**.	▶ *Ob wir auch Paul **treffen**?*

2 **Nach der Äußerungsabsicht:** Hier unterscheiden wir zwischen

■ **Aussagesatz:** Satzschlusszeichen ist der **Punkt**.

   *Die Schüler **warten** auf den Bus.* (Personalform an zweiter Stelle!)

■ **Fragesatz:** Satzschlusszeichen ist das **Fragezeichen**.

   ***Kommt** noch jemand?* = **Entscheidungsfrage** (Personalform an erster Stelle!)
   *Wo **ist** Lisas Bruder?* = **Ergänzungsfrage** (Personalform nach dem Fragewort!)

   Fragesätze, die sich aus der Situation ergeben:

   *Ob wir besser warten **sollen**? – Was er wohl **macht**? – Du **bist** dir da ganz sicher?*

■ **Ausrufesatz:** Satzschlusszeichen ist das **Rufzeichen**.

   ***Lass** das! Die Tür **bleibt** geschlossen! Wie kalt es jetzt **ist**!*

   Ausrufesätze können Wünsche, Aufforderungen, Befehle oder Verbote sein.

---

148 **Bestimme die Satzarten nach der Position der Personalform: Kernsatz (K), Stirnsatz (St), Spannsatz (Sp).**

1. Paula: Warst du schon einmal in einem Zirkus? (...............)

2. Lisa: Letztes Jahr war ich mit meinen Eltern bei einer sehr schönen Vorstellung. (...............)

3. Paula: Ich hatte bisher noch nie eine Gelegenheit, in den Zirkus zu gehen. (...............)

4. Lisa: Aber nächste Woche kommt wieder ein Zirkus zu uns in die Stadt. (...............)

5. Paula: Ich habe schon davon gehört. (...............)

6. Lisa: Gehen wir doch gemeinsam am Sonntag in eine Vorstellung! (...............)

7. Paula: Ob Susi auch mitkommen kann? (...............)

8. Lisa: Sie ist leider immer noch böse auf mich. (...............)

9. Paula: Wenn ihr euch endlich wieder einmal vertragen könntet! (...............)

10. Lisa: Dass du dich da immer einmischen musst! (...............)

11. Paula: Ich möchte mit euch beiden gut auskommen und keine bevorzugen! (...............)

12. Lisa: Weshalb möchtest du Susi unbedingt in den Zirkus mitnehmen? (...............)

13. Paula: Weil sie auch noch nie in einem Zirkus war. (...............)

14. Lisa: Wäre es dann nicht gescheiter, nur mit Susi in den Zirkus zu gehen? (...............)

15. Paula: Bist du jetzt auch auf mich böse? (...............)

---

149 Setze die Satzschlusszeichen ein und bestimme die Satzarten: Aussagesatz (A), Fragesatz (F), Ausrufesatz (R).

1. Wie komme ich zum Bahnhof__ (........)
2. Ist es noch sehr weit__ (........)
3. Gibt es einen direkten Bus__ (........)
4. Der Zug fährt in einer Viertelstunde__ (........)
5. Ich nehme ein Taxi__ (........)
6. Warten Sie__ (........)
7. Da kommt gerade der Bus__ (........)
8. Fährt er wirklich zum Bahnhof__ (........)

9. Mach bitte das Radio leiser__ (........)
10. Ich verstehe das eigene Wort nicht__ (........)
11. Warum nimmst du nicht Kopfhörer__ (........)
12. Hast du mich nicht verstanden__ (........)
13. Unsere Nachbarn beklagen sich__ (........)
14. Wäre ich doch bei Lisa geblieben__ (........)
15. Ich nehme Ohrenstöpsel__ (........)
16. Wo finde ich sie nur__ (........)

150 An den Fragezeichen erkennst du, dass es sich hier um Fragesätze handelt. Welche Sätze sind Kernsätze (K), Stirnsätze (St) und Spannsätze (Sp)? Unterstreiche auch die Personalformen.

1. Ob ich den Weg allein finde? (...............)
2. Wen könnte ich fragen? (...............)
3. Gibt es hier ein Gasthaus? (...............)
4. Warum Paul noch nicht da ist? (...............)

5. Du hast das wirklich gesehen? (...............)
6. Wie ist das passiert? (...............)
7. Hat er sich schwer verletzt? (...............)
8. Ob ich ihn anrufen soll? (...............)

151 Entscheidungsfrage oder Ergänzungsfrage? Streiche die falsche Lösung durch!

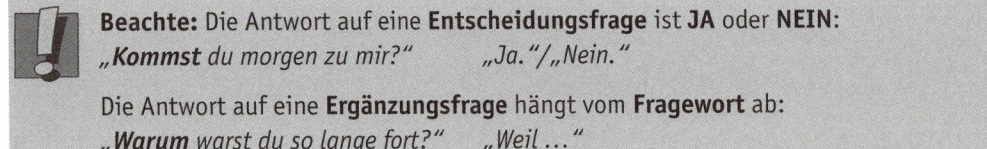

Beachte: Die Antwort auf eine **Entscheidungsfrage** ist **JA** oder **NEIN**:
„*Kommst* du morgen zu mir?" „Ja."/„Nein."

Die Antwort auf eine **Ergänzungsfrage** hängt vom **Fragewort** ab:
„*Warum* warst du so lange fort?" „Weil ..."

1. Wann wurde Mozart geboren?	*Entscheidungsfrage*	*Ergänzungsfrage*
2. Hatte er Geschwister?	*Entscheidungsfrage*	*Ergänzungsfrage*
3. Wie heißt sein Vater?	*Entscheidungsfrage*	*Ergänzungsfrage*
4. War sein Vater auch ein Komponist?	*Entscheidungsfrage*	*Ergänzungsfrage*
5. Warum hat Mozart Salzburg verlassen?	*Entscheidungsfrage*	*Ergänzungsfrage*
6. War er in Wien erfolgreich?	*Entscheidungsfrage*	*Ergänzungsfrage*
7. Wo hat er gewohnt?	*Entscheidungsfrage*	*Ergänzungsfrage*
8. Warst du schon einmal im Mozarthaus?	*Entscheidungsfrage*	*Ergänzungsfrage*

Der zusammengesetzte Satz

(A) DIE SATZREIHE – DIE SATZVERBINDUNG

1 Die **Satzreihe** besteht aus **vollständigen Hauptsätzen**:

Die Sonne **verschwindet**, *dichter Nebel* **steigt auf**.	◄ zwei Aussagesätze
Gehst *du* mit nach Hause oder **bleibst** *du* noch ein bisschen?	◄ zwei Fragesätze
Mach lieber Schluss, **nimm** deine Sachen und **komm** zu mir!	◄ drei Ausrufesätze

2 Der **zusammengezogene Satz** hat **mehrere Personalformen**, aber nur **ein Subjekt**. Er ist daher keine Satzreihe:

Frau Müller **schließt** die Wohnung ab, **läuft** aus dem Haus und **schwingt sich** auf ihr Rad.

3 **Nebenordnende Konjunktionen** (Bindewörter) und **Adverbien** (Umstandswörter) verdeutlichen den inhaltlichen Zusammenhang zwischen den Teilsätzen:

Alle wollen mitmachen, **doch** *Paul hat andere Pläne.* **Auch** *Leo hat andere Pläne,* **trotzdem** *macht er mit. Paul macht nicht mit,* **denn** *er möchte lieber Computer spielen. Paul geht nach Hause* **und** *Leo bleibt bei den anderen.*

152 **Unterstreiche in diesen Satzreihen Subjekt und Prädikat und überprüfe so die Vollständigkeit der Teilsätze.**

1. Lisa wollte noch länger die Straßenakrobaten beobachten, aber ihre Mutter drängte.

2. Frau Müller hatte es eilig, denn zu Hause wartete eine Menge Arbeit.

3. Sie trug eine schwere Einkaufstasche und Lisa schleppte einen Korb.

4. Lisa stellte den schweren Korb auf den Boden, denn sie wollte den Akrobaten noch gerne zusehen.

5. Da kam Frau Berger, sie war sehr aufgeregt.

6. Im Gedränge war ihre Geldbörse abhandengekommen und ihr Mobiltelefon hatte sie zu Hause vergessen.

7. Glücklicherweise hatte Lisa ihr Mobiltelefon bei sich, sie borgte es Frau Berger.

8. Frau Berger ließ ihr Konto sperren, denn auch ihre Bankomatkarte war weg.

9. Nun hatte es Frau Müller nicht mehr so eilig, sie ging mit Frau Berger zur Polizei.

10. Lisa konnte zwar jetzt den Straßenakrobaten zusehen, aber nach all den Aufregungen hatte sie wenig Lust, noch länger zu bleiben.

153 **Satzreihe (R) oder zusammengezogener Satz (Z)? Unterstreiche Subjekte und Prädikate und trage die richtige Lösung daneben ein.**

1. Lisa spielt Gitarre und ihre Schwester lernt das erste Jahr Blockflöte. ....

2. Pauls Eltern fahren über das Wochenende nach Wien und besuchen Freunde. ....

3. In meiner Freizeit spiele ich Tennis oder ich beschäftige mich mit meinen Briefmarken. ....

4. Frau Franz räumte das Zimmer auf und brachte anschließend den Brief zur Post. ....

5. Wir gehen morgen entweder ins Kino oder wir besuchen euch am Abend. ....

6. Die neue Lehrerin stellte sich vor und fragte nach unseren Interessen. ....

7. Meine Freundin war bald fertig, so konnten wir noch ein wenig Musik hören. ....

8. Paul holte sein Fahrrad aus dem Keller und fuhr eine Runde. ....

9. Der Verunglückte erholte sich rasch und konnte bald das Krankenhaus verlassen. ....

10. Letztes Jahr waren wir in den Ferien am Meer, aber heuer bleiben wir zu Hause. ....

154 **Verbinde die Teilsätze mit den inhaltlich passenden Wörtern, die du aus folgender Liste auswählst.**

denn, aber, jedoch, umso, trotzdem, desto, und, sonst, folglich, auch, oder, also, nämlich, nur, so, daher, noch

1. Ich lese zwar sonst keine Fantasygeschichten, ... „Der Herr der Ringe" fasziniert mich.

2. Paul bereitete sich sorgfältig auf die Prüfung vor, ... bestand er sie nur knapp.

3. Der Polizist hielt das Auto an, ... der Fahrer war nicht angegurtet.

4. Vater hat die Gebrauchsanweisung genau studiert, ... kennt er sich gut aus.

5. Herr Franz war auf Urlaub, ... konnte er nicht am PC gearbeitet haben.

6. Der letzte Gast verließ das Haus, ... war in den Räumen endlich Ruhe eingekehrt.

7. In Geschichte lernen wir von den Griechen, ... in Biologie sind die Fische auf dem Programm.

8. Entweder gibt es am Abend einen Salat, ... wir machen uns eine Pizza.

9. Alle wussten schon das Neueste, ... Herrn Müller hatte man noch nicht informiert.

10. Je schneller wir mit unseren Aufgaben fertig sind, ... mehr Zeit haben wir zum Spielen.

11. Ich Unglücksrabe fand weder meinen Schlüssel, ... hatte ich Geld bei mir.

12. Den Besten winkte eine Belohnung, ... mehr bemühte ich mich, gut abzuschneiden.

13. Marc lernt nicht nur Englisch, ... Spanisch möchte er gut beherrschen.

14. Paula hilft Mutter gerne in der Küche, die Gartenarbeit .... verabscheut sie.

15. Mutter geht heute schon einkaufen, morgen ist .... ein Feiertag.

16. Alles, was wir brauchen, steht bereit, ... fangen wir an!

17. Wir müssen die Fenster schließen, ... regnet es herein.

(B) DAS SATZGEFÜGE

Zur Erinnerung:

Ein Satzgefüge besteht aus **Hauptsatz (HS)** und **Gliedsatz (GS)** oder einem Hauptsatz und mehreren Gliedsätzen.

1 Die meisten Gliedsätze sind **Satzglieder** des Hauptsatzes oder **Attribute** von Satzgliedern:

Wer Genaueres weiß, soll sich melden.   *Sag mir, was du darüber denkst!*

     er (S)   *deine Meinung (O4)*

   Subjektsatz   **Objektsatz**

Unser Hund braucht einen Knochen, an dem er nagen kann. ▸ **Attributsatz** (zu *Knochen*)

Dort, wo ich wohne, gibt es hohe Berge. ▸ **Attributsatz** (zu *dort*)

Sind Gliedsätze **Umstandsergänzungen**, sprechen wir von **Adverbialsätzen.** (▸ Seite 105)

2 **Weiterführende Gliedsätze** beziehen sich auf den ganzen Hauptsatz:

Wir durften früher nach Hause gehen, was uns alle sehr freute.

3 **Gliedsätze** mit **Einleitewort** haben die **Personalform** an **letzter Stelle**:

*Ich warte auf dich, **bis** du fertig **bist**. Ich bin schon neugierig, **was** du **erreichst**.*
*Du erzählst mir sicher, **worüber** ihr gesprochen **habt**.*
*Das Buch, **das** ich derzeit **lese**, kann ich dir empfehlen.*
*Hast du eine Ahnung, **wie** lange die Fahrt dauern **wird**?*

Gliedsätze können folgende Einleitewörter haben:

unterordnende Konjunktionen (Bindewörter): *dass, ob, als, nachdem, obwohl, bis …*

Interrogativpronomen (Fragepronomen): *wer, was, welcher, welche, welches …*

Relativpronomen (bezügliche Fürwörter): *der, die, das, welcher, welche, welches …*

Pronominaladverbien: *wofür, womit, worüber …*

Frageadverbien: *wann, wo, woher, wohin, wie, warum …*

4 **Gliedsätze** ohne **Einleitewort** haben die **Personalform** an **erster oder zweiter Stelle**:

Gliedsatz: Hauptsatz:

***Wäre** sie schon hier,*   *würde sie die Leitung übernehmen.*

*Sie **habe** noch einiges zu tun,*   *teilte sie uns mit.*

5 **Gliedsätze ersten Grades** beziehen sich auf den Hauptsatz:

Als Leo wartete **(GS1)**, *beobachtete er einen Vogel* **(HS)**, *der in einer Pfütze badete.* **(GS1)**

Leo wollte wissen **(HS)**, *was es für ein Vogel sei* **(GS1)** *und wovon er sich ernähre.* **(GS1)**

Gliedsätze zweiten und dritten Grades beziehen sich auf übergeordnete Gliedsätze:

Damit sie nicht vergisst, **(GS1)** ◂ *was zu erledigen ist,* **(GS2)** ◂ *schreibt sie es auf.* **(HS)**

155 **Unterstreiche die Gliedsätze und markiere ihre Prädikate und Einleitewörter.**

1. Das Buch gefiel mir so gut, dass ich es ein zweites Mal las.

2. Ich werde mich erkundigen, wessen Idee das war.

3. Warum das nicht schon längst geschah, weiß keiner von den Leuten.

4. Alle Ideen, die von den Schülerinnen und Schülern kommen, werden auf einem Plakat gesammelt.

5. Die Lehrerin erklärte uns, wie wir das Formular ausfüllen müssen.

6. Wenn alle so denken wie du, dann werden wir nie mit der Arbeit fertig.

7. Wie ich schon immer gesagt habe, muss man das Projekt früh genug planen.

8. Immer, wenn das Telefon läutet, bellt unser Hund.

9. Onkel Thomas schrieb, dass wir kommen sollen und bei ihm übernachten können.

10. Als die Bergsteiger die Hütte erreichten, ging die Sonne unter.

11. Alle Ausflüge, die wir gemeinsam unternahmen, sind mir noch in bester Erinnerung.

12. Ich weiß nicht, woran es liegt, dass unsere Katze so faul ist.

13. Der Schifahrer hat sich von seinen Verletzungen rasch erholt, was einem Wunder gleicht.

14. Der Winter lässt heuer auf sich warten, worüber die Schifahrer und Schifahrerinnen nicht gerade glücklich sind.

15. Da zu wenig Schnee liegt, müssen in Tourismusregionen Schneekanonen eingesetzt werden.

16. Ich zeige dir, woran man erkennt, dass beim Handy der Akku leer wird.

17. Wann der Vortrag beginnt und wo er stattfindet, steht auf dem Programm.

18. Während Paul schon mit seiner Aufgabe fertig ist, fängt Leo erst an.

156 **Unterstreiche in dieser Übung alle Gliedsätze, die kein Einleitewort haben. Markiere auch die Personalform der nicht eingeleiteten Gliedsätze.**

1. Als er sie fragte, sagte die Frau, sie habe keine andere Wahl.

2. Er aber entgegnete, dass es noch andere Möglichkeiten gibt.

3. Hätte sie das früher gewusst, wäre alles ganz anders gekommen.

4. Wenn nicht ein Wunder geschieht, wird sie in den sauren Apfel beißen müssen.

5. Es sei alles gar nicht so schlimm, meinte er.

6. Obwohl sie sich genau erkundigt hatte, hat sie einen wichtigen Punkt vergessen.

7. Er würde mit den Verantwortlichen sprechen, versprach er.

8. Er sagt, er habe einen guten Freund, der weiterhelfen könnte.

9. Hätte er an diesen Freund früher gedacht, wäre alles anders gekommen.

10. Er werde ihr auf jeden Fall helfen, sagte er, um sie zu beruhigen.

11. Da er noch einen Termin hatte, verabschiedete er sich rasch.

157 **Unterstreiche die Gliedsätze und bestimme ihre Einleitewörter.**

1. Als sie nach Hause kam, sah sie das Unheil.   ....

2. Ihr Auto, das auf dem Parkplatz abgestellt war, hatte eine Delle.   ....

3. Niemand konnte ihr sagen, wie es dazu gekommen war.   ....

4. Sie hatte einen Verdacht, wer es gewesen sein könnte.   ....

5. Sie wusste nicht, worüber sie sich mehr ärgern sollte,

   über die Delle oder den Verdacht.   ....

6. Nachdem er alles gesagt hatte, ging er erleichtert nach Hause.   ....

7. Dass das Gespräch nicht einfach war, hatte er vorher schon gewusst.   ....

8. Er fragte sich, ob er vielleicht etwas falsch gemacht hatte.   ....

9. Weil er noch seine Freunde treffen wollte, beeilte er sich.   ....

10. Er ging auf den Sportplatz, wo sie schon warteten.   ....

11. Sie wollten wissen, warum er so spät kam.   ....

12. Er erzählte nur, mit wem er sich getroffen hatte.   ....

158 **Unterstreiche die Gliedsätze und entscheide, ob es sich um Subjektsätze, Objektsätze oder Attributsätze handelt.**

1. Keiner gibt gerne zu, dass er einen Fehler gemacht hat.   ....

2. Was ich dir jetzt sage, ist wichtig.   ....

3. Auf den Bergen, wo jetzt tiefer Schnee liegt, tummeln sich die Schifahrer und Schifahrerinnen.   ....

4. Wer den Schaden hat, hat auch den Spott.   ....

5. Mein Freund meint, er kenne sich beim Computer gut aus.   ....

6. Alle Züge, die aus dem Westen kamen, hatten Verspätung.   ....

7. Vater bemerkte sehr schnell, dass beim Auto etwas nicht stimmte.   ....

8. Immer, wenn es draußen dunkel wird, möchte die Katze hinaus.   ....

9. Das ist alles, was ich für dich tun kann.   ....

10. Niemand kann sich vorstellen, wie es zu diesem Unfall gekommen ist.   ....

11. Weißt du noch, wo wir vor zwei Jahren in den Ferien waren?   ....

12. Mich interessiert sehr, wie die neuesten Filme ankommen.   ....

13. Wer sich nicht an die Spielregeln hält, wird ausgeschlossen.   ....

14. Paul liebt Spiele, bei denen es auf die Taktik ankommt.   ....

15. Lisa, die Glücksspiele bevorzugt, spielt selten mit Paul.   ....

16. Was Paul ärgert, ist Lisas unkonzentrierte Spielweise.   ....

17. Wer aber Lisa kennt, muss sie mögen.   ....

159 Mache aus den Hauptsatzpaaren Satzgefüge mit weiterführenden Gliedsätzen.

Beispiel: Er hat bei allen Prüfungen gut abgeschnitten. Darauf ist er richtig stolz. ►
..., worauf er richtig stolz ist.

1. Keiner fehlte beim Wandertag. Das ist freilich verständlich. ► ....

2. Der Bus kam zu früh. Darüber wunderten wir uns. ► ....

3. Die Fahrt dauerte zwei Stunden. Das machte uns aber nichts aus. ► ....

4. Es gab eine großräumige Umleitung. Das wusste unser Fahrer nicht. ► ....

5. Es begann stark zu regnen. Deshalb blieben wir im Ort. ► ....

6. Wir besuchten das Museum. Das gehörte zu unserem Programm. ► ....

7. Die Lehrerin schlug einen Spaziergang vor. Dazu waren wir aber nicht bereit. ► ....

8. Wir froren alle. Dabei war es gar nicht so kalt. ► ....

9. Wir wollten wieder heimfahren. Das überraschte die Lehrerin nicht. ► ....

160 Unterstreiche die Gliedsätze und bestimme, ob sie gleichen (g) oder verschiedenen (v) Grades sind.

Beispiel: <u>Wenn er sich ärgert</u>, <u>was bei ihm häufig der Fall ist</u>, wird er ganz rot im Gesicht. (v)

1. Es gibt Stunden, in denen man gerne allein ist, weil sie einem jene Ruhe ermöglichen,

   die für eine Besinnung auf das Wesentliche nötig ist. (........)

2. Wo erfährt man, wie man am besten nach Krems fährt, welche Bahnverbindungen es gibt,

   wie lange die Reise dauert und was eine Hin- und Rückfahrkarte kostet? (........)

3. Obwohl wir den Weg, der uns über den Gebirgspass führen sollte, nicht kannten,

   gelangten wir problemlos ins andere Tal. (........)

4. Wenn es morgen regnet, was ich vermute, verlegen wir die Party vom Garten ins Haus. (........)

5. In der Zeitung war zu lesen, dass sich das Klima erwärmt und dass mit einem massiven

   Gletscherrückgang zu rechnen ist. (........)

6. Damit er alles richtig macht, was ihm aufgetragen wurde, machte er sich einige Notizen. (........)

7. Wenn ich nicht weiß, wie ich ein Wort schreiben soll, schlage ich im Wörterbuch nach. (........)

8. Sooft sie in die Stadt fährt, wo ihre Freundin wohnt, weiß sie viel Neues zu berichten. (........)

9. Frau Berger erkundigte sich, wann es einen günstigen Flug nach London gibt, was er kostet und ob sie

   zwischenlanden muss. (........)

10. Nachdem alles noch einmal wiederholt worden war, was zur Schularbeit kommen könnte,

    machten wir ein Spiel. (........)

(C) DIE ADVERBIALSÄTZE

1 Adverbialsätze sind **Umstandsergänzungen** (▶ Seite 87):

*Ich bleibe zu Hause, weil **es regnet**.*   *Sobald **es aufhört**, gehe ich hinaus.*

Warum? (BE)   *Wann?* (ZE)

Kausalsatz   **Temporalsatz**

2 Es gibt folgende **Arten von Adverbialsätzen**:

Lokalsätze:	*Wo ein Wille ist, da ist auch ein Weg.*
Temporalsätze:	*Der Lehrer wartete, bis alle fertig waren.*
Modalsätze:	*Sie machte sich bemerkbar, indem sie hustete.*
Kausalsätze:	*Da es schon spät ist, brechen wir auf.*
Konditionalsätze:	*Wenn ich Zeit hätte, würde ich dir helfen.* (Mit Konjunktion)
	Hätte ich Zeit, würde ich dir helfen. (Ohne Konjunktion)
Konsekutivsätze:	*Es war so laut, dass man sein eigenes Wort nicht verstand.*
Konzessivsätze:	*Obwohl ich wenig Lust hatte, machte ich mit.*
Finalsätze:	*Ich mache mir eine Notiz, damit ich daran denke.*
Adversativsätze:	*Während seine Freunde längst aufgehört haben, kann er das Rauchen immer noch nicht lassen.*

161 **Mache aus folgenden Umstandsergänzungen – sie sind unterstrichen – Adverbialsätze. Bestimme auch die Art der Adverbialsätze.**

> *Beispiel*: Trotz einer Stundenplanänderung gibt es immer noch in der letzten Stunde Mathematik. ▶
> **Obwohl der Stundenplan geändert wurde, ...**   **(Konzessivsatz)**

1. Trotz des starken Regens fand die Sportveranstaltung statt.

2. Wegen der Straßenglätte gab es vielerorts Unfälle.

3. Bei besonders tiefen Temperaturen machen viele Autos beim Starten Probleme.

4. Aufgrund eines Hinweises aus der Bevölkerung konnte der Mann gefasst werden.

5. Sie macht es wie alle.

6. Bei sorgfältigerem Training wäre die Mannschaft unter den ersten fünf.

7. Trotz größter Bemühungen der Ärzte konnte der Kranke nicht gerettet werden.

8. Zur Vermeidung unvorhergesehener Pannen wurde alles noch einmal durchbesprochen.

9. Nach Erledigung der notwendigen Formalitäten konnte die Familie einreisen.

10. Während seiner Arbeit am letzten Roman erkrankte der Schriftsteller schwer.

11. Mit erhöhter Geschwindigkeit raste er über den Zielhang.

162 **Mache aus den eingeleiteten Konditionalsätzen uneingeleitete Gliedsätze.**

Beispiel: **Wenn** sich etwas **ändert**, müssen wir darauf reagieren. ▶ **Ändert sich etwas, …**

1. Wenn das Auto nicht anspringt, rufen wir den Pannendienst an. ▶ ....

2. Wenn ich etwas mehr Lust hätte, würde ich mitmachen. ▶ ....

3. Falls es wieder schneien sollte, rücken die Streuwagen aus. ▶ ....

4. Falls du dich anders entscheidest, rufe mich bitte an! ▶ ....

5. Wenn das Haus billiger gewesen wäre, hätten wir es gekauft. ▶ ....

6. Wenn die Sommerzeit abgeschafft würde, könnten wir uns das Umstellen der Uhrzeit ersparen. ▶ ....

163 **Unterstreiche die Adverbialsätze und bestimme sie.**

1. Da sie keine andere Wahl hatte, erklärte sie sich einverstanden. ....

2. Nachdem er die Rechnung bezahlt hatte, fuhr er nach Hause. ....

3. Hätte ich Geld, würde ich eine große Summe spenden. ....

4. Warte, bis ich wieder zu Hause bin! ....

5. Wenn wir ihn beginnen lassen, macht er mit. ....

6. Da wir keine Stubenhocker sind, gehen wir oft wandern. ....

7. Sie tröstet sich über den Verlust hinweg, indem sie viel arbeitet. ....

8. Während Paul am liebsten Fleisch isst, mag Lisa nur Gemüse. ....

9. Wäre sie etwas einsichtiger, könnte das Problem rasch gelöst werden. ....

10. Als sein ganzer Besitz verkauft war, zählte er das Geld. ....

11. Unser Hund ist wieder gesund, obwohl wir nicht damit rechneten. ....

12. Damit uns niemand erkennt, verkleiden wir uns. ....

13. Wo Brennnesseln wachsen, gibt es auch Schmetterlinge. ....

14. Die Leute gingen ins Haus, bevor es zu schütten begann. ....

15. Dieser Mensch tut, als ob er hier zu Hause wäre. ....

16. Da Lisa krank geworden ist, muss Paula einspringen. ....

17. Der Lehrling machte es, wie es ihm der Meister gezeigt hatte. ....

18. Wo jetzt der PC steht, stand früher die Schreibmaschine. ....

19. Die Musik gefiel mir so gut, dass ich die CD kaufte. ....

20. Wenn ich auch nicht schön singe, singe ich doch mit Begeisterung. ....

21. Ich schließe die Fenster, damit der Wind sie nicht zuschlägt. ....

22. Während die Energiekosten steigen, werden Elektrogeräte billiger. ....

Satzwertige Gruppen

Zur Erinnerung:

Es gibt **satzwertige Infinitivgruppen** (Nennformgruppen), **satzwertige Partizipialgruppen** (Mittelwortgruppen) und **satzwertige Adjektivgruppen** (Eigenschaftswortgruppen). Sie haben kein Subjekt und keine Personalform, leisten aber das Gleiche wie ein Gliedsatz:

Infinitivgruppe:	*Um keinen Fehler zu übersehen, las er den Text noch einmal genau durch.*
Gliedsatz:	*Damit er ja keinen Fehler übersah, ...*
Partizipialgruppe:	*Wild um sich schlagend(,) suchte er sich zur Wehr zu setzen.*
Gliedsatz:	*Indem er wild um sich schlug, ...*
Adjektivgruppe:	*Traurig über das schlechte Ergebnis(,) saßen sie da und weinten.*
Gliedsatz:	*Da sie über das schlechte Ergebnis traurig waren, ...*

Beachte auch die Beistrichregeln bei den satzwertigen Gruppen!

164 Unterstreiche in diesen Sätzen die satzwertigen Gruppen. Gib an, ob es sich um Infinitivgruppen, Partizipialgruppen oder Adjektivgruppen handelt.

1. Von der Richtigkeit der Antwort überzeugt, tippte sie auf Lösung B. ....

2. Er verließ, ohne sich noch einmal umzusehen, das Gebäude. ....

3. Müde von der langen Reise(,) suchten wir nach einem Hotel. ....

4. Um nicht den Zug zu versäumen, stellte sie den Wecker. ....

5. Die Zähne fletschend(,) stürzte sich der Wolf auf sein Opfer. ....

6. Statt im Wörterbuch nachzuschlagen, riskierte er einen Fehler. ....

7. Sein Vorschlag, überzeugend dargestellt, begeisterte alle. ....

8. Ihr Wunsch, neben ihrer Freundin sitzen zu dürfen, ging in Erfüllung. ....

9. Ich zweifelte nie daran, beim Test gut abzuschneiden. ....

10. Neugierig auf das Ergebnis(,) warteten wir auf die Mitteilung. ....

11. Von einem heftigen Gewitter überrascht(,) mussten wir das Spiel abbrechen. ....

12. Es wäre uns nie eingefallen, in der Dunkelheit ohne Licht zu fahren. ....

165 Unterstreiche die satzwertigen Gruppen und forme sie zu Gliedsätzen um. Welche Version ist die elegantere?

1. Von einem unerwarteten Besuch überrascht(,) musste Frau Berger die Reise verschieben.

2. Sich mühsam auf einen Stock stützend(,) versuchte der Alte die andere Straßenseite zu erreichen.

3. Um nicht wieder das Haus unserer Bekannten zu übersehen, fuhr Vater langsamer.

4. Vater behauptet(,) das neue Siedlungsgebiet schon zu kennen.

5. Gelangweilt von den ständigen Wiederholungen(,) lenkte ich meine Gedanken auf anderes.

6. Die Schülerinnen, bereit zu jedem Unfug, vertauschten ihre Plätze.

Die indirekte Rede

(A) DIE INDIREKTE REDE ALS GLIEDSATZ

Zur Erinnerung:

Aussagesätze können in der indirekten Rede **Gliedsätze mit oder ohne Einleitewort** sein:

„Ich kann leider nicht kommen." ▸ *Lisa sagt,* **dass** *sie leider nicht kommen* **kann**.

..., sie **könne** *leider nicht kommen.*

Fragesätze sind in der indirekten Rede **Gliedsätze mit Einleitewort**:

„Wann hast du Zeit?" ▸ *Lea fragt Lisa,* **wann** *sie Zeit* **hätte**.   = **Ergänzungsfrage**

„Bist du krank?" ▸ *Sie fragt Lisa,* **ob** *sie krank* **sei**.   = **Entscheidungsfrage**

Aufforderungssätze können **Gliedsätze mit oder ohne Einleitewort** sein:

„Macht euch keine Sorgen!" ▸ *Lisa sagt,* **dass** *wir uns keine Sorgen machen* **sollen**.

..., wir **sollen** *uns keine Sorgen machen.*

Mit den **Modalverben** *sollen* (höflich: *mögen*) wird der Imperativ umschrieben.

Beachte auch
- die Veränderungen der **Pronomen**
- die Veränderungen der **Zeit- und Ortsangaben**
- die Verwendung des **Konjunktivs** (in **uneingeleiteten Gliedsätzen** muss er verwendet werden, in mit **„dass"** und **„ob"** eingeleiteten Gliedsätzen ist auch der Indikativ möglich)

166 **Mache aus den direkten indirekte Reden. Unterstreiche alle Pronomen, die sich ändern. Schreib die Sätze in dein Übungsheft.**

1. „Das Auto ist bei Rot in die Kreuzung gefahren", sagte die Frau.

2. „Haben Sie das auch selber gesehen?", wollte der Polizist wissen.

3. „Ich bin mit meinem Hund spazieren gegangen und da habe ich es krachen gehört", sagte sie.

4. Der Polizist fragte: „Wo waren Sie da gerade?"

5. Die Frau antwortete: „Ich war bei den Altpapiercontainern, wo es meinem Waldi immer so gefällt."

6. Der Polizist entgegnete: „Von dort hinten sieht man aber nicht auf die Kreuzung."

7. „Glauben Sie mir! Ich war ja sofort da, als es gekracht hat. Die Glassplitter sind nur so herumgeflogen", sagte sie.

8. „Ihre Beobachtung hilft mir nicht viel weiter. Ich brauche Zeugen, die gesehen haben, wie der Unfall passiert ist",

sagte der Polizist.

9. „Dann fragen Sie doch jemand anderen", sagte die Frau und entfernte sich.

10. „Hat man schon die Rettung verständigt?", fragte ein Passant.

11. „Treten Sie zurück und machen Sie Platz!", rief der Polizist den Schaulustigen zu.

167 Forme folgende indirekten Reden zu uneingeleiteten Gliedsätzen um. Beachte, dass bei den uneingeleiteten Gliedsätzen der Konjunktiv verwendet wird. Schreib die Sätze in dein Übungsheft.

1. Die Lehrerin sagte, dass die Schularbeit gut ausgefallen ist/sei.

2. Die meisten Schülerinnen meinten, dass sie schlecht abgeschnitten hätten.

3. Die Lehrerin versicherte, dass es keine negativen Noten geben wird/werde.

4. Sie sagte, dass wir weiter so fleißig arbeiten sollen/sollten.

5. Frau Müller sagte, dass sie eine Beschwerde vorzubringen hat/habe.

6. Der Mann am Schalter erwiderte, dass sie es schnell machen soll/solle, weil die Zeit knapp sei.

7. Entrüstet entgegnet Frau Müller, dass sie sich über ihn beschweren wird/werde.

8. Der Mann am Schalter murmelte, dass sie das ohne Weiteres machen kann/könne.

9. Frau Müller sagte, dass er lauter sprechen soll/solle, da sie ihn nicht verstehen könne.

10. Da sagte der Mann, dass sie endlich ihre Beschwerde vorbringen soll/solle.

168 Mache aus den direkten indirekte Fragesätze. Unterstreiche die Entscheidungsfragen. Mit welcher Konjunktion werden diese in der indirekten Rede eingeleitet? Schreib die Sätze in dein Übungsheft.

1. Der Tourist fragte am Informationsschalter: „Gibt es hier noch schöne Zimmer mit Balkon?"

2. Die Frau am Schalter fragte: „Wollen Sie ein Zimmer am See oder am Waldrand haben?"

3. Der Tourist fragte: „Was kostet das Zimmer am See?"

4. „Wie lange wollen Sie bleiben?", wollte die Frau am Schalter wissen.

5. Herr Franz fragte die Apothekerin: „Was empfehlen Sie mir gegen meinen Husten?"

6. „Wie lange husten Sie schon?", fragte sie.

7. „Ist Ihr Husten trocken?", wollte sie dann noch wissen.

8. Herr Franz erkundigte sich schließlich: „Haben Sie ein gutes homöopathisches Mittel?"

169 Übertrage folgende Aufforderungssätze von der direkten Rede in die indirekte Rede, und zwar mit und ohne Einleitewort. Die mit einem „H" gekennzeichneten Sätze sollen besonders höflich formuliert werden.

1. Die Sprechstundenhilfe sagte zu Frau Berger: „Kommen Sie bitte am Montag um acht Uhr!" (H)

2. Der Busfahrer sagte zu Paul: „Steig endlich ein und such dir einen Platz!"

3. Die Sekretärin sagte zu ihrem Chef: „Unterschreiben Sie bitte diesen Brief!" (H)

4. Vater sagte zu Onkel Rudi: „Besuch uns doch wieder einmal!"

5. Der Sportlehrer ruft seinen Schülern zu: „Verschlaft den Start nicht!"

6. Frau Franz sagte zur Frisörin: „Bringen Sie mir bitte eine schöne Modezeitschrift." (H)

(B) DIE INDIREKTE REDE ALS INFINITIVGRUPPE

Zur Erinnerung:

- Nicht alle *dass*-Sätze können durch Infinitivgruppen (Nennformgruppen) ersetzt werden, doch **jede Infinitivgruppe lässt sich durch einen *dass*-Satz ersetzen**.

- **Infinitivgruppen** sind möglich, wenn der Begleitsatz **aussagekräftige Verben** für *sagen*, *denken* und *fühlen* enthält:

Er **bestritt**(,) den Unfall verursacht zu haben.	(…, dass er den Unfall verursacht hat.)
Sie **deutete an**(,) mehr zu wissen.	(…, dass sie mehr weiß.)
Ich **bat** ihn(,) das Fenster zu schließen.	(…, dass er das Fenster schließt.)

- Mit dem neutralen Verb *sagen* ist **keine Infinitivgruppe** möglich.

- **Infinitivgruppen** wirken meist **eleganter als** *dass*-Sätze.

170 **Übertrage diese Sätze in die indirekte Rede und verwende, wo es möglich ist, Infinitivgruppen. Die Stellung der Begleitsätze darfst du verändern. Schreib die Sätze in dein Übungsheft.**

1. „Macht so weiter und lasst nicht locker!", ermunterte der Lehrer seine Schülerinnen.

2. „Wir werden weiterhin fleißig üben und am Ball bleiben", versprachen sie.

3. Der Lehrer sagte: „Ich habe schon lange keine so gute Klasse gehabt."

4. Paul antwortete: „Der Unterricht ist aber auch wirklich sehr spannend."

5. Lisa fragte den Lehrer: „Übernehmen Sie nächstes Jahr wieder unsere Klasse?"

6. „Was haben Sie nächstes Jahr auf dem Programm?", fragte Susi.

7. „Ich werde euch mit den verschiedensten Texten experimentieren lassen", kündigte der Lehrer an.

8. „Auch Referate sind vorgesehen", sagte er.

9. „Vor Referaten habe ich Angst. Ich bin da immer sehr nervös", warf Lena ein.

10. „Das werden wir sicher auch schaffen", waren alle anderen überzeugt.

171 **Wie Übung 170, aber mit Märchenthemen.**

1. „Ich werde Dornröschen mit einer Spindel töten!", drohte die böse Fee.

2. „Macht die Tür auf und lasst mich herein!", forderte der Wolf die sieben kleinen Geißlein auf.

3. „Bring mir einen Teller von diesem leckeren Rapunzelsalat!", beschwor die schwangere Frau ihren Mann.

4. „Du hast Schneewittchen nicht getötet!", warf die Königin dem Jäger vor.

5. „Schüttle die Betten aus!", trug Frau Holle der Goldmarie auf.

6. „Ich habe schlecht geschlafen, so, als wäre ich auf Erbsen gelegen", behauptete die Prinzessin.

7. „Ich brauche Stiefel und einen flotten Hut", sagte der Kater zum Müllerburschen.

8. „Wir müssen Hänsel und Gretel in den Wald bringen", meinte die Mutter.

9. „Bleib auf dem Weg und geh nicht in den Wald hinein!", ermahnte Mutter das Rotkäppchen.

10. „Mein Herr hat mich vom Hof gejagt", klagte der Esel.

172 **Ersetze in folgenden indirekten Reden die Gliedsätze durch Infinitivgruppen.**

1. Herr Müller versprach, dass er der Sache nachgehen werde.

2. Frau Berger deutete an, dass sie einen Verdacht habe.

3. Herr Franz forderte sie auf, sie solle sagen, was sie wisse.

4. Frau Berger ersuchte, man möge ihre Beobachtungen vertraulich behandeln.

5. Herr Müller beteuerte, dass er Stillschweigen bewahren werde.

6. Herr Franz riet Herrn Müller, dass er sich aus der Sache heraushalten solle.

7. Herr Müller ermunterte Frau Berger, sie solle über ihre Beobachtungen sprechen.

8. Herr Franz warf Frau Berger vor, dass sie nur Gerüchte verbreite.

173 **Übertrage folgende Sätze in die indirekte Rede und entscheide dabei selbst, wo du (un)eingeleitete Gliedsätze oder Infinitivgruppen verwendest. Die Stellung der Begleitsätze darfst du verändern.**

1. „Zeigen Sie mir Ihren Führerschein!", forderte der Polizist den Pkw-Lenker auf.

2. „Ich bin von einem entgegenkommenden Auto geblendet worden", gab der Fahrer an.

3. Die Ärztin fragte den Patienten: „Seit wann spüren Sie den Schmerz im Knie?"

4. Der Patient erklärte: „Ich spüre ein Stechen schon ein Jahr, seit einem Monat ist es aber ganz schlimm geworden."

5. Der Tischler versprach: „Ich werde die Möbel in einer Woche liefern."

6. „Teilen Sie mir mit, wann Sie kommen", bat ihn der Kunde.

7. „Welcher Tag ist für Sie am besten?", wollte der Tischler wissen.

8. Der Kunde erklärte: „Am Freitag ist es am günstigsten. Da ist immer jemand zu Hause."

9. Der Briefträger fragte Herrn Franz: „Ist Ihr Nachbar auf Urlaub oder ist er weggezogen?"

10. Herr Franz beteuerte: „Ich weiß nichts Näheres. Ich habe mit meinen Nachbarn keinen Kontakt."

11. „Sie machen im Stiegenhaus immer so viel Mist!", warf Frau Franz ihrer Nachbarin vor.

12. „Der Mist ist nicht von mir, sondern von Ihrem Hund!", entgegnete die Nachbarin.

13. „Seid doch nicht kindisch und vertragt euch!", appellierte Herr Franz an die beiden Frauen.

Stichwortverzeichnis

Adjektiv 14, **57**, 72, 89, 92
Adjektivgruppe 107
Adverb 64, **66**, 89, 92, 99
Adverbiale 105, **87**, 89, 96, 101
adverbialer Gebrauch **57**
Adverbialsatz 101, **105**
Adversativsatz 105
Akkusativ 45, 70, 89
Akkusativobjekt 57, 74, **80**, 85
Aktiv **32**
als 62
Apposition 92
Artergänzung 87
Artikel 42, 49
Attribut **92**, 95, 96, 101
attributiver Gebrauch 57
Attributsatz 101
Ausrufesatz 97, 99, 108
Aussagesatz 97, 99, 108
Äußerungsabsicht 97
Befehlsform ▸ Imperativ
Begleiter 41, 59
Begründungsadverb 66
Begründungsergänzung 87
Beifügung ▸ Attribut
besitzanzeigendes Fürwort ▸
    Possessivpronomen
bestimmter Artikel 49, **56**
Bestimmungswort 11
bezügliches Fürwort ▸ Relativpronomen
Bruchzahl 63
dass 108
Dativ 45, 70
Dativobjekt 74, **80**
Demonstrativpronomen 49
direkte Rede 28, 109
einfacher Satz 97
einteiliges Prädikat 76
Einzahl ▸ Singular
Entscheidungsfrage 97, 108
Ergänzungsfrage 97, 108
Ersatzprobe 45, 52
Fall 45, 51, 70
Femininum ▸ weiblich
Finalsatz 105
Frageadverb 49, 66, 71, 101
Fragefürwort ▸ Interrogativpronomen
Frageprobe 45
Fragesatz 97, 99, 108
Futur I 18, 20, 36, 37, 38
Futur II 18, 37
Gegenwärtiges 17
gemischte Deklination 59
Genitiv 45, 70, 89, 92
Genitivobjekt 80
Gleichsetzungsakkusativ 85
Gleichsetzungsglied 85
Gleichsetzungsnominativ 85
Gliedsatz 89, 92, 101
Grundwort 11
Grundzahl ▸ Kardinalzahl
Hauptsatz 99, 101
hauptwörtlicher Gebrauch 12, 15, 57, 64
Hilfsverb **7**, 25
hinweisendes Fürwort ▸
    Demonstrativpronomen
Höflichkeitsform 8, 10, 55
Imperativ **10**
indefinites Zahladjektiv 49
Indefinitpronomen 49, 64
Indikativ 24
indirekte Rede 28, 108
infinite Verbform 76

Infinitiv **11**, 40
Infinitivgruppe 89, 107, 110
Infinitivprobe 85
Interrogativadverb ▸ Frageadverb
Interrogativpronomen 49, 78, 101
Kardinalzahl 63
kausal 72
Kausalsatz 105
Kernsatz 97
Komparativ 61
Konditionalsatz 105
konjunktionale Fügung 92
Konjunktiv **24**, 108
Konjunktiv I 24, 28, 31
Konjunktiv II 24, 28, 31
Konsekutivsatz 105
Konzessivsatz 105
Lageangabe 70
lokal 72
Lokalsatz 105
männlich 41, 43
Maskulinum ▸ männlich
mehrteiliges Prädikat 76
Mehrzahl ▸ Plural
Mischform **4**, 24
modal 72
Modaladverb 66
Modalpartikel 66
Modalsatz 105
Modalverb 25, 108
Möglichkeitsform ▸ Konjunktiv
Nachfeld 92
Nachsilbe 41, 43
nebenordnende Konjunktion 99
Nennform ▸ Infinitiv
Neutrum ▸ sächlich
Nomen 11, **41**, 57, 72, 89
nominal ▸ hauptwörtlicher Gebrauch
Nominativ 45, 70, 78
Numerale 63
ob 108
Objekt **80**
Objektsatz 101
Ordinalzahl 63
Ordnungszahl ▸ Ordinalzahl
Ortsadverb 66
Ortsergänzung 74, **87**
Partikel 66
Partizip **14**, 58, 89
Partizip I 14, 92
Partizip II 4, 14, 35, 92
Partizipialgruppe 89, 107
Passiv **32**, 86
Perfekt 18, 19, 37
Personalform **8**, 75, 76, 97, 99, 101
Personalpronomen 41, 49, 51
persönliches Fürwort ▸ Personalpronomen
Plural 8, 10, 43, 45, 56, 75
Plusquamperfekt 18, 20, 37
Positiv 61
Possessivpronomen 49
Prädikat **74**
Prädikativ ▸ Gleichsetzungsglied
prädikativer Gebrauch 57
Präposition **68**, 83
präpositionale Fügung 89, 83, 92, 96
Präpositionalobjekt 74, **83**, 96
Präsens 4, **8**, 18, 19, 36, 38
Präsensstamm 24
Präteritum 4, 18, 19, 36, 37
Präteritumstamm 26
Pronomen 49, 51, 108
Pronominaladverb 49, 101

Reflexivpronomen 49, 51
regelmäßiges Verb **4**, 24
Relativadverb 49
Relativpronomen 49, 101
Relativsatz 92
Richtungsangabe 70
rückbezügliches Fürwort ▸
    Reflexivpronomen
sächlich 41, 43
Sammelname 44
Satzgefüge 101
Satzglied 92, 95, 96, 101
Satzgliedkern 75, 92
Satzklammer 77
Satzreihe 99
Satzschlusszeichen 97
Satzverbindung ▸ Satzreihe
satzwertige Gruppe 107
satzwertiger Infinitiv 92
schwache Deklination 59
Singular 8, 10, 43, 45, 56
Spannsatz 97
Stammform 5, **6**, 7
starke Deklination 59
Stellvertreter 41
Stirnsatz 97
Stoffname 44
Subjekt 57, 74, 75, **78**, 85, 99
Subjektsatz 101
Superlativ 61
temporal 72
Temporalsatz 105
Tempus **18**, 21, 22, 23, 31, 36
trennbare Verbzusammensetzung 11, 16, 77
Umlaut 61
Umstandsergänzung ▸ Adverbiale
unbestimmter Artikel 49, **56**
unbestimmtes Fürwort ▸
    Indefinitpronomen
unbestimmtes Zahlwort 63, 64
uneingeleiteter Gliedsatz 108
unregelmäßiges Verb **4**, 8, 24
unterordnende Konjunktion 101
Verb 72
Verbformen 4
Verbzusatz 77
Vergangenes 17
Vergleichsformen 61
Verschiebeprobe 95
Vervielfältigungszahl 63
Vorfeld 92
Vorgangspassiv 35
Vorwortergänzung ▸ Präpositionalobjekt
Vorwortfügung ▸ präpositionale Fügung
weiblich 41, 43
weiterführender Gliedsatz 101
wie 62
Wirklichkeitsform ▸ Indikativ
Wortstamm 4
würde **27**
Zahladjektiv 64
Zahlnomen 64
Zahlwort ▸ Numerale
Zeitadverb 66
Zeitergänzung 87
Zeitform ▸ Tempus
Zeitstufen **17**
zu 12, 13
Zukünftiges 17
zum 12
zusammengesetzter Satz 99
Zustandspassiv 35